LUC FERRY

# MYTHOLOGIE & PHILOSOPHIE

**CRÉDITS**

**LE FIGARO**

**PROJET DÉVELOPPÉ PAR LE FIGARO**
Édité par :
**La Société du Figaro**
14 bd Haussmann - 75009 Paris - www.lefigaro.fr
**Directeur général :** Marc Feuillée

**Les Éditions de l'Opportun**
16 rue Dupetit-Thouars - 75003 Paris
**Direction édition :** Stéphane Chabenat

**Dépôt légal :** avril 2015
Achevé d'imprimer en avril 2015 sur les presses de l'imprimerie Elcograf S.p.A.,
via Mondadori 15, Vérone, Italie

**ISBN :** 978-2-8105-0708-5 (collection)
**ISBN :** 978-2-8105-0717-7 (volume 9)

**Direction de la collection :** Anne Evrard
**Direction artistique :** Philippe Marchand
**Responsable projet :** Stéphanie de Fonscolombe
**Fabrication :** Marion de Chalonge
**Maquette :** Éditions de l'Opportun
**Couverture :** Olo Éditions, Marion Alfano
**Responsable éditoriale :** Brigitte de Zélicourt
**Mastering :** Art & Son
**Crédit photos :** Gabrielle Ferry, Éditions de l'Opportun

**Production de conférence :** Sara Yalda
**Enregistrement des conférences :** Théâtre des Mathurins

# THÉSÉE CONTRE LE MINOTAURE

# LUC FERRY
# MYTHOLOGIE & PHILOSOPHIE

## VOLUME 1
### L'*Odyssée* ou le « miracle grec »

● L'histoire d'Ulysse est celle d'un homme qui va de la vie mauvaise à la vie bonne. Cette épopée, magnifique, fournira la matrice à la naissance de la philosophie en Grèce.

## VOLUME 2
### L'*Iliade* et la guerre de Troie
**L'héroïsme grec**

● L'*Iliade* ne raconte pas la guerre de Troie, mais seulement quelques jours de la dernière année du conflit. Quel est alors le véritable sens de cette œuvre qui met avant tout en scène l'héroïsme grec ?

## VOLUME 3
### La Naissance des dieux et du monde
**D'après la *Théogonie* d'Hésiode**

● Comme l'*Odyssée* d'Homère, la *Théogonie* d'Hésiode raconte une histoire qui va du chaos à l'harmonie. Zeus, en instaurant un ordre cosmique harmonieux, va permettre aux humains de trouver le sens de leur vie.

## VOLUME 4
### Typhon et les Géants
**Les puissances chaotiques contre l'harmonie cosmique**

● Typhon, personnage essentiel de la mythologie, figure la résurgence sans cesse possible des forces destructrices du chaos, signe que l'harmonie n'est jamais gagnée pour toujours.

## VOLUME 5
### Prométhée et la boîte de Pandore
**La naissance de l'humanité**

● Les dieux s'ennuient sur l'Olympe, maintenant que Zeus a instauré un ordre cosmique harmonieux. Ils demandent donc à Prométhée et Épiméthée de créer des mortels pour se distraire...

## VOLUME 6
### Midas contre Apollon
**La bêtise menaçant le cosmos**

● Dominé par son avidité et sa cupidité légendaires, Midas demande à Dionysos de lui donner le « toucher d'or », ce qui va menacer l'ordre cosmique tout entier et se retourner contre lui.

## VOLUME 7
### Les Amours de Zeus
**La naissance d'Héraclès et ses 12 travaux**

● Ayant besoin d'être secondé dans sa tâche du maintien de l'ordre cosmique, Zeus décide de s'unir à la mortelle Alcmène pour concevoir Héraclès, un héros qui continuera son œuvre sur terre.

## VOLUME 8
### Mort et résurrection d'Héraclès
**La signification du tragique grec**

● Héraclès a dû vaincre des résurgences des forces primitives du chaos, mais il n'en est pas moins lui-même un être déchiré. Il incarne à ce titre le héros tragique, voué au malheur et à une mort atroce.

## VOLUME 9
### Thésée contre le Minotaure
**La quête du bonheur, une illusion ?**

● Thésée fait partie de ces héros qui poursuivent la tâche impartie par Zeus, maintenir l'ordre cosmique face aux forces du chaos. À la différence d'Héraclès, il parviendra pendant un temps au bonheur.

## VOLUME 10
### Persée et la Gorgone Méduse
**La mort en face**

● Persée tranchant la tête de la Gorgone Méduse, voilà qui a donné lieu à une très riche iconographie. Mais peut-on regarder la mort en face sans être pétrifié ? Faut-il l'oublier ou y penser chaque jour ?

## VOLUME 11

### Jason et la Toison d'or

**Le sens de la justice**

● L'épopée des Argonautes en quête de la Toison d'or constitue, avec celle d'Ulysse, le récit d'aventures le plus fascinant de toute la mythologie, dévoilant aussi une certaine conception de la justice.

## VOLUME 12

### Dionysos, dieu de la fête

**La folie au cœur de l'Olympe**

● Dionysos, mélange de Zeus et d'une mortelle, sorti de la « cuisse de Jupiter », est un être étrange qui incarne l'altérité sous toutes ses formes. Pourquoi alors l'avoir installé au cœur de l'Olympe, lieu de l'harmonie par excellence ?

## VOLUME 13

### Pyrrha, Deucalion, Noé et Gilgamesh

**Les mythes du déluge**

● Il existe à l'origine trois grands mythes du déluge, pratiquement identiques entre eux jusque dans les détails. Mais leur même trame donne pourtant lieu à trois leçons philosophiques très différentes.

## VOLUME 14

### Œdipe et son complexe

● Comment expliquer que le destin n'épargne personne, bons et méchants ? Telle est la question à laquelle répond d'abord le mythe d'Œdipe.

## VOLUME 15

### Antigone

**La loi du cœur contre la raison d'État**

● Antigone incarne pour l'éternité la révolte de l'individu contre l'ordre établi mais, pour sympathique qu'elle soit, cette révolte est toujours vouée à l'échec dans le monde grec.

## VOLUME 16

### Sisyphe et Asclépios

**Les mythes de la mort**

● Sisyphe et Asclépios, en s'attaquant à la mort, menacent de bouleverser l'ordre cosmique instauré par Zeus. L'arrogance et la démesure dont ils ont fait preuve appellent un châtiment terrible...

## VOLUME 17

### Orphée, Eurydice, Éros, Psyché, Déméter

**Les drames de l'amour**

● Ces mythes de l'amour contrarié explorent les arcanes de la souffrance des héros, mais aussi les stratégies que ces derniers tentent d'inventer face à la plus douloureuse des épreuves.

## VOLUME 18

### Tantale, Dédale, Lycaon, Icare, Phaéton

**Les mythes de l'orgueil**

● L'hybris est aux yeux des Grecs le péché par excellence : certains mythes, dont l'interprétation est particulièrement aisée, le condamnent sans détour.

## VOLUME 19

### Les Grands Mythes de l'amour

**L'Antiquité, le Moyen Âge et nous**

● Tout commence avec l'*Épopée de Gilgamesh*, l'histoire d'une contradiction insoluble entre l'amour et la mort. Et ces histoires d'amour continueront de hanter l'humanité...

## VOLUME 20

### Mythologie, religion et philosophie

**Sagesses d'Orient et d'Occident**

● Comment situer les mythes entre religion et philosophie ? Une question complexe mais, à bien des égards, la philosophie est l'héritière de la mythologie et de la religion.

# SUR LE CD

1 | Les origines de Thésée

2 | Conception, enfance et adolescence de Thésée

3 | Thésée, vainqueur des monstres, retrouve son père

4 | La lutte de Thésée contre le Minotaure

5 | Thésée et le bonheur par la justice

6 | L'antinomie du bonheur

# THÉSÉE CONTRE LE MINOTAURE

## LA QUÊTE DU BONHEUR, UNE ILLUSION ?

## SOMMAIRE

# LIMINAIRE

*Thésée est un cousin et un grand admirateur d'Héraclès, dont il poursuit la tâche dans ce monde. Il est, comme son aîné, un fabuleux tueur de monstres, lui aussi est en quête de* Dikè, *de la justice et, d'ailleurs, ses premiers exploits sont explicitement présentés par la plupart des mythographes comme une continuation directe des travaux d'un Héraclès rendu quelque temps indisponible par sa condamnation en esclavage auprès de la reine Omphale. Reste, comme on va le voir, qu'à la différence d'Héraclès, héros tragique sans cesse déchiré par ses contradictions, Thésée parviendra à la sérénité, voire au bonheur, du moins pendant une longue période de sa vie. Il est, comme Ulysse, un de ces héros grecs qui associent la vie bonne avec la justice conçue, non comme une simple technique politique de règlement des conflits mais, plus profondément, comme une mise en harmonie de soi avec l'harmonie du monde. Voilà pourquoi Thésée sera toujours considéré comme l'un des pères fondateurs de la cité grecque, comme un artisan de l'ordre juste et comme un homme profondément serein et bienveillant. En ce sens, comme celle d'Ulysse, la mythologie de Thésée annonce la philosophie grecque, une philosophie qui, à la différence des morales républicaines modernes, comme celle de Kant ou de Rousseau, place le bonheur plus haut encore que la liberté dans la hiérarchie des finalités de l'existence humaine.*

*Voilà pourquoi, après vous avoir raconté les temps forts de la légende de Thésée, je vous proposerai une réflexion philosophique sur la question du bonheur et sur la différence, justement, entre les sagesses anciennes, qui en font le but de la vie (ce qu'on appelle l'« eudémonisme »), et les éthiques modernes comme celle de Kant ou encore de Nietzsche (eh oui, il y a bien aussi une éthique nietzschéenne) qui placent en général la liberté au premier rang, bien avant le souci du bonheur.*

*On notera d'abord qu'à l'égal d'Héraclès dans le Péloponnèse et la région d'Argos Thésée est le plus grand héros de tous les temps, du moins dans ce qu'on appelle « l'Attique », c'est-à-dire la contrée qui entoure Athènes. Thésée, comme Héraclès, n'est bien entendu qu'un être de légende. Il n'a jamais existé. Pourtant, nous connaissons ses aventures par des « biographies » qui le dépeignent et racontent sa vie comme s'il s'agissait d'un personnage historique bien réel1, un roi qui aurait vécu une génération avant la guerre de Troie – chronologie mythique attestée du fait que deux de ses fils auraient pris part au conflit. Thésée serait ainsi, quoique plus jeune que lui, un contemporain d'Héraclès et d'ailleurs, selon plusieurs traditions, ils auront l'occasion de se rencontrer. Malheureusement – ou peut-être par bonheur : après tout, c'est aussi cette diversité qui fait le charme de la mythologie –, ces biographies mythiques sont souvent très divergentes entre elles. Et ces divergences commencent dès la naissance de Thésée.*

1. La première, du moins parmi celles que nous avons conservées, est celle d'un poète grec du Ve siècle av. J.-C., Bacchylide, qu'on a heureusement redécouvert au XIXe siècle, lorsque le British Museum fit presque par hasard l'acquisition de deux rouleaux de papyrus qui contenaient une vingtaine de poèmes parfaitement conservés. Parmi ces poèmes figuraient ce qu'on appelle des « dithyrambes », c'est-à-dire des odes consacrées à la gloire de Dionysos, qu'un chœur chantait dans de grands amphithéâtres en plein air lors de concours de poésie dont les Grecs étaient friands. Et parmi ces dithyrambes, on trouve un récit des premiers exploits du jeune Thésée (du moins de cinq d'entre eux). Pour le reste de sa vie, il faut, comme souvent, se référer à notre mythographe habituel, Apollodore, ainsi qu'à deux autres auteurs, eux aussi tardifs, Plutarque (Ier siècle ap. J.-C.) et Diodore de Sicile (Ier siècle av. J.-C.).

Thésée, détail d'une fresque de Pompéi, Ier siècle ap. J.-C.

## L'ENFANCE DE THÉSÉE À TRÉZÈNE, DANS LE PALAIS DE PITTHÉE, AVEC SA MÈRE AETHRA...

Selon certains, notamment Plutarque – qui reste en ce qui concerne la jeunesse de notre héros la source, bien que tardive, la plus importante –, Thésée est le fils d'Aethra, une princesse, fille du roi de la ville de Trézène, Pitthée. Son père (du moins son père « terrestre », car on prétend qu'un dieu, Poséidon, serait son père céleste) serait Égée – ce roi d'Athènes qui régna sur toute l'Attique. Il est donc de « haute naissance ». D'après cette tradition, on raconte qu'Égée n'ayant pas réussi à avoir d'enfants avec ses différentes femmes se serait résolu à se rendre à Delphes afin d'y consulter la Pythie d'Apollon. Avec des propos, comme toujours, sibyllins, c'est-à-dire fort peu intelligibles, elle lui aurait dit « de ne pas ouvrir son outre de vin avant d'être rentré chez lui, à Athènes ». Voici, selon Plutarque, les termes exacts qu'elle aurait utilisés :

**« Ne va pas délier le pied qui sort de l'outre**
**Ô grand prince, avant d'être arrivé dans Athènes. »**

J'en profite pour vous dire, au passage, d'où vient l'expression « paroles sibyllines » et ce que signifie à l'origine le mot « sibyllin ». Sibylle était tout simplement une Pythie, une prêtresse chargée de faire connaître les oracles d'Apollon. Comme elle était très réputée, on décida après sa mort de transformer son nom propre en nom commun et de dire « une » sibylle pour désigner les prêtresses qui prendront sa succession à Delphes ou ailleurs pour délivrer des paroles oraculaires. Or les oracles avaient une caractéristique constante : ils étaient toujours équivoques, ambigus, leurs propos n'avaient jamais une signification claire et immédiate, de sorte qu'il fallait les interpréter sans qu'on soit jamais tout à fait certain d'en déchiffrer correctement le sens. Pourquoi ? Sans doute pour marquer la distance qui sépare les hommes et les dieux, l'oracle étant une sorte de maillon intermédiaire entre leurs deux mondes. D'où l'expression « paroles sibyllines » pour désigner des discours obscurs ou ambigus.

> **LES ORACLES AVAIENT UNE CARACTÉRISTIQUE CONSTANTE : ILS ÉTAIENT TOUJOURS ÉQUIVOQUES, AMBIGUS, LEURS PROPOS N'AVAIENT JAMAIS UNE SIGNIFICATION CLAIRE ET IMMÉDIATE, DE SORTE QU'IL FALLAIT LES INTERPRÉTER SANS QU'ON SOIT JAMAIS TOUT À FAIT CERTAIN D'EN DÉCHIFFRER CORRECTEMENT LE SENS**

Égée ne comprend donc à peu près rien aux propos de la Pythie. Il décide, en chemin vers Athènes, de passer voir un de ses amis, Pitthée, le roi de Trézène, pour lui demander conseil. Ce dernier n'a en revanche aucun mal à comprendre ce que signifie l'oracle, à savoir qu'il faut soûler Égée, mettre sa fille, Aethra, dans son lit pour qu'il lui fasse un enfant, du moins s'il parvient à « délier le pied qui sort de l'outre » ! Pas très poétique comme formule, je l'avoue, mais pas tout à fait sibyllin non plus… Ce comportement, surtout de la part d'un père, peut nous sembler bizarre aujourd'hui : on imagine mal de nos jours des parents soûlant volontairement leur hôte pour qu'il couche avec leur fille ! On ferait plutôt tout pour éviter ce genre de catastrophe. Sans doute, mais à l'époque de Pitthée, on ne voit pas les choses comme aujourd'hui : aux yeux du roi de Trézène, Égée, roi d'Athènes, est un excellent parti pour sa fille. Un enfant de lui serait un honneur pour sa famille et peut-être même la chance, sinon la garantie, d'avoir un petit-fils extraordinaire. C'est ainsi, en tout cas, que Thésée aurait vu le jour si l'on en croit Plutarque.

Selon d'autres sources (Bacchylide et Apollodore), il serait, certes, le fils d'Aethra – la mère n'est jamais douteuse en ces matières –, le père véritable n'étant pas Égée, mais Poséidon qui se serait glissé, lui aussi, justement la même nuit qu'Égée, dans la couche d'Aethra. Naissance encore plus haute, donc, puisque divine. En outre, la paternité de Poséidon permettrait d'expliquer certaines performances maritimes de Thésée sur lesquelles nous aurons l'occasion de revenir plus loin, lorsque je vous raconterai sa traversée en bateau vers le labyrinthe où est tapi ce monstre qu'on appelle le « Minotaure ».

Mais n'anticipons pas.

Ce qui est certain, à tout le moins, c'est que Thésée possède d'entrée de jeu l'étoffe d'un héros, du moins si l'on en juge, comme on le fait dans cet univers aristocratique, selon ses ascendants prestigieux. Pourtant, durant son enfance, il va tout ignorer de son père. Sa mère, en effet, refuse de lui révéler son identité. De toute façon, lorsqu'un dieu s'unit à une mortelle, son mari (ou en l'occurrence son compagnon) ne doit pas, en général, se sentir vexé. À l'instar d'Amphitryon avec Héraclès, il se doit d'élever ou de faire élever l'enfant comme si c'était le sien. Égée, le lendemain de cette nuit où il se soûle et couche avec Aethra, se dit que si jamais il devait avoir un fils, il serait bon que, devenu jeune homme, il puisse le reconnaître. À cette fin, il cache sous un énorme rocher, fort difficile à déplacer, une paire de sandales et une épée. Avant de reprendre son chemin vers Athènes, il explique à la jeune

**THÉSÉE POSSÈDE D'ENTRÉE DE JEU L'ÉTOFFE D'UN HÉROS, DU MOINS SI L'ON EN JUGE, COMME ON LE FAIT DANS CET UNIVERS ARISTOCRATIQUE, SELON SES ASCENDANTS PRESTIGIEUX**

princesse que si elle devait par chance avoir un fils de ses œuvres, elle attende qu'il soit assez grand et assez fort pour déplacer le roc. Alors, et alors seulement, elle pourra lui révéler cette cachette et le nom de son père afin que, soulevant la pierre, il découvre par lui-même les présents qu'il lui a laissés. Qu'il se rende alors à Athènes pour se faire reconnaître, grâce à eux, par son père.

Aethra et Pitthée élèvent le petit Thésée avec le plus grand soin.

On se demandera peut-être pourquoi Égée n'emmène pas plutôt Aethra et son futur fils avec lui. Est-ce un mauvais père, qui ne se soucie pas des enfants qu'il sème en chemin ? Pas du tout. Comme toujours, il faut se méfier des apparences. En fait, Égée ne désire qu'une chose dans la vie, ce pourquoi d'ailleurs il a fait le voyage vers Delphes et consulté l'oracle : avoir un fils. Mais il veut que ce fils parvienne à l'âge d'homme avant de se faire connaître et reconnaître, faute de quoi il risque tout simplement de se faire trucider par ses cousins germains, les Pallantides, les fils de Pallas, le frère d'Égée. En effet, tout le monde sait, à Athènes, qu'Égée n'a pas d'enfant. Du coup, ses neveux se disent : chic, c'est nous qui allons hériter du trône d'Athènes ! Si par malheur ils apprenaient qu'Égée a un fils, à coup sûr, ils tenteraient de s'en débarrasser pour éviter qu'il ne leur prenne ce qu'ils considèrent désormais comme un dû, à savoir la succession sur le trône d'Athènes. Et comme ils sont cinquante et sans scrupules – eh oui, le frère d'Égée

**Mosaïque de Neptune (Poséidon), musée archéologique de Sousse.**

n'a pas eu moins de cinquante fils ! –, le petit garçon n'aura aucune chance d'en réchapper. Voilà pourquoi Égée recommande bien à Aethra de rester silencieuse, de ne rien dire à Thésée de ses origines avant qu'il ne soit assez grand et fort pour soulever le rocher et se servir aussi de l'arme qui est cachée dessous.

Mais n'allons pas trop vite. Avant d'en arriver là, le petit Thésée a encore un long chemin à parcourir et, dès son plus jeune âge, il va faire une rencontre qui va marquer sa vie : celle du grand Héraclès, son cousin. On peut imaginer la scène en suivant fidèlement les sources que nous avons indiquées.

## LA RENCONTRE AVEC HÉRACLÈS

Pitthée, le grand-père de Thésée, un beau vieillard à barbe blanche, est assis dans la grande salle de son palais avec Aethra, la ravissante mère de Thésée. Ils se lèvent pour accueillir un invité hors du commun : il s'agit tout simplement d'Héraclès, vêtu comme à l'accoutumée de sa peau de lion (en fait, c'est plus qu'une simple peau puisque la tête de l'animal est encore intacte et lui sert de casque : il s'agit du premier lion qu'Héraclès a tué quand il était encore adolescent). Il tient son arme favorite à la main, sa massue dont il ne se sépare que rarement. Dans un coin de la grande salle, on voit un petit garçon de sept ou huit ans qui joue avec quelques camarades.

Pitthée : « *Héraclès, sois le bienvenu ! Quel honneur tu nous fais ! Mon petit-fils, Thésée, ton cousin, va être fou de joie. Tu ne peux pas imaginer comme il admire tes exploits depuis sa plus tendre enfance...* »

Pitthée appelle Thésée, pour qu'il vienne dire bonjour. Le petit, tout timide, vient embrasser Héraclès. Puis il retourne à ses jeux. Aethra, elle aussi, salue Héraclès et appelle d'un claquement de mains les domestiques qui s'empressent d'accourir. Les deux hommes s'asseyent, des servantes s'agitent, apportent des cratères de vin, du pain et quelques morceaux de viande. Elles débarrassent Héraclès de sa peau de lion qu'elles emportent avec précaution dans une chambre qui jouxte celle des enfants, puis elles servent le dîner, pendant qu'Aethra emmène les petits se coucher, aidée par l'une d'entre elles.

Un peu plus tard, on voit les enfants couchés, la nuit dans leurs lits, les uns à côté des autres. En face, dans le même couloir, par une porte restée entrouverte, on aperçoit la peau du lion posée sur un lit, éclairée par les lampes à huile dont la flamme vacille plus ou moins. Vue dans la pénombre, à travers le tremblement des flammes, la bête semble vivante, effrayante, les yeux étincelants. L'un des enfants l'aperçoit dans l'obscurité, il se met à hurler : au secours ! Un lion ! Les cris envahissent le palais. Tous les petits (ils sont trois ou quatre) se lèvent, tétanisés d'horreur, et s'enfuient en hurlant. Thésée, lui, reste calme. Loin de s'enfuir, il se précipite vers une épée qui est accrochée au mur du couloir et il fait face au lion, l'arme à la main, quand Pitthée et Héraclès, alertés par tout ce tintamarre, entrent eux aussi dans la chambre ; ils éclatent de rire, mais Héraclès, malgré tout impressionné, prend le petit par les épaules et le félicite : « *Tu es incroyablement brave, mon cousin, tu auras un destin grandiose, j'en suis certain. Je suis vraiment fier de toi...* » Thésée, modeste, baisse les yeux, mais il rougit de plaisir...

On retrouve Thésée dix ans plus tard dans le même palais. Il a grandi, mais on le reconnaît sans difficulté. C'est bien le même garçon, mais il est devenu un jeune homme athlétique, beau, musclé, presque aussi impressionnant que son cousin Héraclès. Il passe ses journées à s'entraîner à l'arc, à l'épée, au javelot, à la lutte ou au lancer de disque avec des maîtres ou des camarades de son âge. Il surpasse déjà de façon évidente tous ses adversaires. Un soir qu'il rentre dans le palais encore tout

**HÉRACLÈS PREND LE PETIT PAR LES ÉPAULES ET LE FÉLICITE : « TU ES INCROYABLEMENT BRAVE, MON COUSIN, TU AURAS UN DESTIN GRANDIOSE, J'EN SUIS CERTAIN. JE SUIS VRAIMENT FIER DE TOI... » THÉSÉE, MODESTE, BAISSE LES YEUX, MAIS IL ROUGIT DE PLAISIR...**

en sueur, pour retrouver sa mère Aethra, un peu vieillie, mais toujours aussi belle, il n'y tient plus. Il tombe à ses pieds et lui prend les genoux, comme font les Grecs selon la coutume pour demander une faveur : « *Mère,* lui dit-il, *j'ai tout appris des arts de la guerre, je suis resté docile et obéissant pendant des années mais, maintenant, je suis un adulte, il est temps que tu me dises qui est mon père et quel est mon destin sur cette terre.* »

Aethra : « *Oui, c'est vrai, tu as raison, il est temps, même si je n'ai qu'une envie, te garder ici, avec moi. Tu sais que ton cousin Héraclès, celui que tu admires tant et que tu as déjà vu un jour quand tu étais petit à la maison – tu t'en souviens, n'est-ce pas, tu avais terrassé son lion* (sourire de la mère) ? – *avait deux pères, un père céleste, Zeus, et un père terrestre, Amphitryon. Eh bien, mon petit Thésée, il en va de même pour toi. Ton père divin n'est autre que Poséidon, le dieu de la mer, et ton père humain est Égée, le roi d'Athènes, voilà pourquoi tu es, tout comme Héraclès, de très haute naissance, ne l'oublie jamais...* »

Thésée : « *Mais comment se fait-il que mon père terrestre, Égée, ne m'ait jamais fait signe ? Pourquoi m'a-t-il abandonné ? Qu'est-il devenu ?* »

**ÉGÉE NE T'A PAS ABANDONNÉ. UN JOUR, APRÈS SA MORT, TU DEVIENDRAS ROI D'ATHÈNES, MAIS SI LES PALLANTIDES APPRENAIENT TON EXISTENCE (ET ILS SONT CINQUANTE !), NUL DOUTE QU'ILS CHERCHERAIENT À SE DÉBARRASSER DE TOI PAR TOUS LES MOYENS. VOILÀ POURQUOI ÉGÉE M'A DEMANDÉ DE TE CACHER ICI À TRÉZÈNE**

Aethra : « *Égée ne t'a pas abandonné. Il craignait simplement que ses neveux, les Pallantides, les fils de son frère Pallas, ne veuillent t'éliminer pour prendre sa succession sur le trône d'Athènes. Comprends bien : tu es son fils unique, c'est toi l'héritier du trône. Un jour, après sa mort, tu deviendras roi d'Athènes, mais si les Pallantides apprenaient ton existence (et ils sont cinquante !), nul doute qu'ils chercheraient à se débarrasser de toi par tous les moyens. Voilà pourquoi Égée m'a demandé de te cacher ici à Trézène, chez ton grand-père, Pitthée, jusqu'à ce que tu sois capable de te défendre. D'ailleurs, viens, suis-moi, car Égée a laissé quelque chose pour toi, dans une cachette bien aménagée pour échapper aux regards indiscrets...* »

Aethra et Thésée s'en vont dans les jardins du palais jusqu'à ce qu'ils s'approchent d'un rocher imposant, de la hauteur de Thésée.

Aethra : « *Voilà, c'est là. Égée m'a dit que le jour où tu serais capable de déplacer seul cette énorme pierre, tu serais aussi capable de te défendre et de faire bon usage de ce qu'elle cache !* »

Thésée s'approche du roc, le prend à bras-le-corps, et il le déplace d'un seul coup de rein, dévoilant la cachette. Il plonge son bras dedans et en retire, un peu étonné tout de même, une paire de sandales et une épée...

Thésée fronce les sourcils, il contemple ces objets, finalement assez communs. Il réfléchit profondément et se parle à lui-même, à côté de sa mère : « *L'épée, je veux bien, c'est pour me défendre des Pallantides, mais les sandales, à quoi bon ? Qu'est-ce que mon père a bien pu vouloir me faire comprendre ?* »
Aethra ne dit rien. Thésée continue à réfléchir, puis tout s'éclaire : « *Ça y est, j'y suis ! Mon père voulait que je le rejoigne par la route, à pied. Nous*

*Thésée retrouve l'épée de son père*, Nicolas Poussin (1594-1665).

**CETTE VOIE EST BIEN CONNUE POUR ÊTRE PEUPLÉE DE BANDITS, VOIRE DE MONSTRES SURNATURELS, LITTÉRALEMENT ABOMINABLES, TOUT À FAIT SEMBLABLES À CEUX QU'HÉRACLÈS LUI-MÊME A DÛ AFFRONTER AU COURS DE SES FAMEUX TRAVAUX,**

*sommes à Trézène. Je dois me rendre à Athènes. C'est un long chemin, il me faut donc de bonnes sandales. Oui, c'est ça, évidemment ! Égée m'attend à Athènes et il ne veut pas que j'y aille par la mer. Il n'y a pas une seconde à perdre !* »

Pendant ce temps, Pitthée est arrivé auprès d'Aethra. Tous deux se regardent et supplient Thésée de ne pas prendre la route : c'est trop dangereux, lui disent-ils en chœur. Cette voie est bien connue pour être peuplée de bandits, voire de monstres surnaturels, littéralement abominables, tout à fait semblables à ceux qu'Héraclès lui-même a dû affronter au cours de ses fameux travaux, des êtres sans foi ni loi qui font subir aux voyageurs les tortures les plus atroces !

« *Prends par la mer, Thésée, je t'en conjure*, supplie Pitthée, *nous armerons un bateau, ce sera infiniment plus sûr.* »

Mais Thésée est inflexible : « *Si mon père m'a légué des sandales, ce n'est pas pour rien. C'est un signe, il veut que je passe par la terre et non par la mer et je comprends bien pourquoi : il veut savoir si je suis assez courageux et assez vigoureux pour affronter les brigands et les monstres dont vous me parlez.* »

Sa décision est prise, il embrasse son grand-père et sa mère, et, dès le lendemain à l'aube, il prend la route…

## LES PREMIERS EXPLOITS DE THÉSÉE

En chemin, Thésée se parle tout seul, comme pour s'encourager : « *Comme mon cousin, Héraclès, il va me falloir affronter des monstres qui menacent l'harmonie du cosmos établie par Zeus. Pitthée et ma mère tremblent de peur pour moi, c'est normal, mais moi je n'ai pas peur. Qu'ils viennent me voir, ils trouveront à qui parler...* »

Et Thésée continue de marcher vaillamment. Au loin, on distingue une ville. Il s'agit de la ville d'Épidaure et Thésée est content d'y arriver. « *Enfin, je vais pouvoir manger quelque chose et me reposer un peu !* » se dit-il. Mais, au détour d'un chemin, il tombe sur un drôle de citoyen, un certain Périphétès, qui lui barre la route :

Périphétès : « *Qui es-tu donc, jeune homme, et où te rends-tu d'un pas si décidé ? Moi, je m'appelle Périphétès et je suis l'un des fils d'Héphaïstos, celui qu'on appelle le "dieu boiteux". D'ailleurs, tu vois mes jambes, elles aussi sont toutes abîmées, toutes tordues. Aurais-tu la bonté de m'aider à traverser la route ?* »

Et de fait, le fils possède, à l'image du père, des jambes aussi courtes que difformes. On dirait qu'il a séché sur tonneau ! Pour susciter la pitié, il fait semblant de s'appuyer sur une canne, en vérité une espèce de massue ou de gourdin, afin que le voyageur pris de compassion s'approche et lui propose son aide. Ce que fait gentiment Thésée. Moyennant quoi, en guise de remerciement, l'affreux Périphétès s'empare de

son arme redoutable pour assommer son bienfaiteur. Thésée, bien plus vif et habile, s'écarte d'un bond. Il sort son épée, le transperce et le tue. « *Voilà pour t'apprendre, et puisque tu n'en auras plus besoin, je t'emprunte ta massue. Comme Héraclès, mon cousin, je ne m'en séparerai jamais.* »
Il ramasse le gourdin, pousse le cadavre dans le fossé, et reprend sa route vers Épidaure (on le verra donc désormais toujours avec sa massue, comme Héraclès avec la sienne).

Deuxième acte : Thésée croise sur son chemin un être plus abominable encore que Périphétès. Il s'agit d'un dénommé Sinis qui s'adresse aussitôt à notre héros : « *On me surnomme Pityocamptès,* dit Sinis à Thésée, *c'est-à-dire "le courbeur de pins", mais je suis un fils de Poséidon. Pourrais-tu me donner un coup de main ? Je dois justement courber un de ces deux pins que tu vois là-bas !* »
Sinis est un géant d'une force inimaginable, au sens propre, inhumaine – où l'on voit déjà un signe de sa monstruosité : il est trois fois plus grand que Thésée. Pour bien comprendre le petit jeu atroce auquel se livre Sinis, il faut se reporter à l'iconographie de l'époque – aux images peintes, notamment sur des vases, qui décrivent la scène et qui sont parfois plus explicites que les textes écrits. Sinis interpelle les voyageurs qui ont le malheur de passer à sa portée. Il leur demande gentiment

**EN GUISE DE REMERCIEMENT, L'AFFREUX PÉRIPHÉTÈS S'EMPARE DE SON ARME REDOUTABLE POUR ASSOMMER SON BIENFAITEUR. THÉSÉE, BIEN PLUS VIF ET HABILE, S'ÉCARTE D'UN BOND. IL SORT SON ÉPÉE, LE TRANSPERCE ET LE TUE. IL RAMASSE LE GOURDIN, POUSSE LE CADAVRE DANS LE FOSSÉ**

de l'aider à plier deux pins voisins l'un de l'autre, à les courber jusqu'au sol. Au moment où le voyageur retient du mieux qu'il peut les cimes des deux arbres, Sinis attache en douce chacun de ses pieds à chacune des deux cimes et le malheureux, laissé à lui-même, finit par lâcher les cimes de sorte qu'il est littéralement déchiré en deux, écartelé au moment où les arbres se détendent avec violence et se redressent. Alors Sinis éclate de rire, il applaudit à tout rompre, c'est son passe-temps favori, ça l'amuse vraiment. Jusqu'au jour où Thésée croise son chemin. Notre héros fait semblant d'entrer dans son jeu, mais au lieu de se laisser attacher les pieds, ce sont ceux de l'assassin sadique qu'il fixe aux deux arbres de sorte que lorsqu'ils se détendent, c'est Sinis qui est coupé en deux et qui subit ainsi le sort qu'il infligeait si volontiers aux autres !

Troisième acte, pire encore si possible : la truie de Crommyon, ou plutôt la laie, car il s'agit sûrement d'une femelle de sanglier. Mais cette laie-là n'est pas ordinaire. Elle n'a rien de commun avec les autres sangliers connus jusqu'à ce jour. Comme la plupart des monstres qu'Héraclès doit affronter lors de ses fameux travaux, elle est la fille de Typhon et d'Échidna, un être au visage de femme dont le corps se termine, non par des jambes, mais par une queue de serpent. Elle est elle-même fille de Tartare et mère, entre autres, de Cerbère, le chien des enfers. Bref, ce cochon-là a de qui tenir. Et lui aussi a pour passe-temps l'assassinat : il terrorise la région, tue tout ce qui passe à sa portée, c'est un pur carnivore…, jusqu'à ce qu'il tombe sur Thésée qui, après un combat titanesque, en débarrasse à coups d'épée la surface de la terre.

Le quatrième monstre, Thésée le rencontre dans les environs de la ville de Mégare. Il est toujours en chemin, avec sa massue, et on aperçoit la ville dans le lointain. Le fourbe a figure humaine, mais il ne faut

**Thésée et la laie de Crommyon.**
**Terre cuite de l'île de Mélos, v. 460 av. J.-C.**

pas s'y fier. Il s'agit d'un certain Sciron et, à nouveau, c'est un fils de Poséidon. Il a établi son territoire au bord de la route qui longe la mer, près d'un cap qu'on appelle justement les « roches scironiennes ». Là, il attend patiemment les voyageurs et il les force à lui laver les pieds ! Il a toujours sa bassine à la main, mais quand le malheureux se penche pour faire le pensum que l'autre lui inflige, il l'assomme avec sa cuvette, puis le jette dans l'abîme où il devient la proie d'une tortue gigantesque, elle aussi monstrueuse, qui le dévore encore vivant. Thésée ne se laisse pas démonter. Selon certaines peintures, il attrape la bassine de Sciron, lui en met un bon coup sur la tête, et l'envoie rejoindre sa tortue au fond de la mer. *Exit* Sciron !

Et Thésée reprend son périlleux chemin. Comme de bien entendu, il tombe encore sur une véritable peste. Cette fois-ci, la scène se passe à Éleusis, la ville de Déméter et de ses mystères. Un étrange personnage barre la route à Thésée. Il s'agit d'un certain Cercyon, encore un fils de Poséidon (ou bien peut-être d'Héphaïstos, comme l'affreux Périphétès). Toujours est-il qu'il est doté d'une force surhumaine et que son passe-temps favori est, à lui aussi, de faire le mal pour le mal, de nuire à autrui pour le plaisir de nuire à autrui. Il arrête les voyageurs et les oblige à se battre contre lui. Bien évidemment, à cause de son origine divine et de sa force surhumaine, il gagne à tous les coups. Mais il ne se contente pas de gagner. Une fois son adversaire à terre, il prend plaisir à le torturer avant de le tuer. Quand il arrête Thésée, Cercyon est sûr de son coup. Un tout jeune homme d'à peine seize ans ! Il n'en fera qu'une bouchée ! Sauf que Thésée est hors du commun et qu'avec ses seize printemps il est vif comme une panthère. Il attrape Cercyon par un bras et par une jambe, il l'élève au-dessus de sa tête, le fait tournoyer et, tout simplement, il le jette au sol de toute sa force. L'autre épouvantail a trouvé son maître : il s'écrase par terre de tout son poids… et meurt sur-le-champ !

Comme dans toutes les bonnes histoires, on a gardé le pire pour la fin. Et le pire, c'est un certain Procuste. On lui donne parfois d'autres noms ou surnoms : on l'appelle aussi Damastès, Polypèmon, ou encore Procruste, terme qui semble signifier dans ce contexte « celui qui martèle », on va voir pourquoi dans un instant. Et là encore, certains font de Procuste (c'est le cas de Hygin, notamment,) un fils de Poséidon – auquel on prête décidément un tas d'enfants fort peu sympathiques... Procuste possède deux lits, l'un grand et l'autre petit, dans sa maison située, elle aussi, au bord de cette route (qui va toujours de Trézène à Athènes). Fort aimablement, mine de rien, Procuste offre l'hospitalité aux voyageurs qui passent près de chez lui. Il fait la même proposition à Thésée. Une fois son hôte entré dans sa maison, il prend

UNE FOIS SON HÔTE ENTRÉ DANS SA MAISON, IL PREND TOUJOURS SOIN D'ATTRIBUER LE GRAND LIT AUX PETITS, ET LE PETIT LIT AUX GRANDS, DE SORTE QUE LES PREMIERS SONT TRÈS AU LARGE DANS LEUR COUCHE, ET LES SECONDS, EN REVANCHE, ONT LA TÊTE ET LES PIEDS QUI DÉPASSENT

toujours soin d'attribuer le grand lit aux petits, et le petit lit aux grands, de sorte que les premiers sont très au large dans leur couche, et les seconds, en revanche, ont la tête et les pieds qui dépassent. Dès qu'ils s'endorment, l'affreux les attache solidement à leur couche et, pour les grands, il coupe tout ce qui dépasse, tandis que, pour les petits, il se saisit d'un lourd marteau et il brise leurs jambes, les réduit littéralement en bouillie pour pouvoir plus aisément allonger ce qu'il en reste aux dimensions du matelas ! Quand Thésée arrive chez Procuste et qu'il aperçoit les deux lits, il n'est pas dupe, il voit venir la mauvaise manœuvre de son hôte en qui, d'entrée de jeu, il n'a pas confiance. Et s'emparant de lui, il lui fait subir à son tour le supplice qu'il réserve d'ordinaire à ses invités.

## LES RETROUVAILLES DE THÉSÉE ET DE SON PÈRE ÉGÉE À ATHÈNES

Thésée, comme son cousin, est sorti victorieux de toutes les épreuves qui l'attendaient sur sa route avant d'arriver à Athènes. Quand il parvient dans la cité dont son père est le roi, la foule le reconnaît et se presse sur son passage pour l'acclamer. C'est qu'il est devenu célèbre grâce à ses fabuleux exploits qui ont fait déjà le tour de la ville ! Tout le monde lui sait gré d'avoir débarrassé la région de ces monstres abominables. Thésée fend la foule, impassible. Gentiment il remercie, mais au fond, on voit qu'il se moque d'être acclamé, ce qu'il veut, c'est trouver le palais de son père au plus vite. Il finit par y parvenir. Le palais est tout proche de l'acropole, on reconnaît aussi le temple d'Athéna qui s'élève à proximité.

Sur une des terrasses du palais d'Égée, on aperçoit une femme, aussi ravissante qu'inquiétante. C'est la magicienne Médée, un être redoutable (qui n'a pas hésité, lorsqu'elle était amoureuse de Jason, à découper son frère en morceaux pour retarder la course de ceux qui les poursuivaient, puis, quand elle fut abandonnée, à égorger ses propres enfants : nous reviendrons sur le contexte de ces épisodes dans

“ QUAND THÉSÉE PARVIENT DANS LA CITÉ DONT SON PÈRE EST LE ROI, LA FOULE LE RECONNAÎT ET SE PRESSE SUR SON PASSAGE POUR L'ACCLAMER. C'EST QU'IL EST DEVENU CÉLÈBRE GRÂCE À SES FABULEUX EXPLOITS QUI ONT FAIT DÉJÀ LE TOUR DE LA VILLE !

un prochain livret, mais ils indiquent assez combien Médée est dangereuse). Elle s'est, depuis lors, remariée avec Égée et c'est d'un mauvais œil qu'elle voit venir ce concurrent potentiel qu'est Thésée. Elle observe la foule qui acclame le jeune héros et elle se parle à elle même :

Médée : « *Ah, te voilà donc, jeune Thésée ! Tu ne vas pas tarder à comprendre qui je suis, moi, Médée, la nouvelle femme de ton père. Et crois-moi, tu vas regretter d'avoir quitté Trézène...* »

Médée sort de la terrasse et descend dans la grande salle du palais où elle retrouve Égée. Amoureusement, elle vient se glisser à ses côtés pour l'embrasser, puis tout doucement, elle le met en garde :

Médée : « *Égée, mon roi, un jeune homme est en train de traverser la ville sous les acclamations de la foule. Il s'appelle Thésée, c'est un inconnu, mais on l'acclame parce qu'il a acquis la réputation d'être un tueur de monstres. Crois-moi, je sais lire l'avenir : ce jeune homme est dangereux, il veut te tuer et prendre ta place, méfie-toi de lui et débarrasse-t'en au plus vite...* »

Égée (qui ne sait pas encore que Thésée est son fils) se laisse convaincre : « *Médée, tu sais comme je t'aime et comme j'ai confiance en toi. Si tu me dis que ce jeune homme représente un danger, je te crois, mais que suggères-tu ?* »

Médée : « *Envoie-le donc combattre le taureau de Marathon. Cette bête est terrifiante, aucun humain n'a jamais réussi à nous en débarrasser. On verra bien,* ajoute Médée avec un sourire mauvais, *si ce jeune homme est aussi brave qu'on le dit. Il ne pourra pas refuser sans perdre sa réputation !* »

Médée, par Henri Klagmann (1842-1871), musée des Beaux-Arts de Nancy.

Pendant ce temps, Thésée arrive aux portes du palais, suivi par la foule, et il demande à être reçu par le roi. Mais Égée, sans attendre, donne l'ordre à son intendant d'aller lui dire qu'il ne sera reçu qu'après une épreuve : celle qui consiste à tuer le taureau de Marathon. Égée a donné instruction à l'intendant de proclamer cette condition haut et fort devant la foule, pour que Thésée se sente défié et ne puisse refuser. Un long murmure parcourt l'assemblée à l'annonce de cette épreuve : le peuple s'est pris d'affection pour Thésée et il redoute sa mort. Il faut dire que la bête en question est en fait à nouveau un monstre surnaturel, un taureau carnassier, une espèce d'ogre/animal, qui dévore les petits enfants et sème la panique dans toute l'Attique, la région d'Athènes.
Thésée relève bien entendu le défi. Il repart aussitôt dans la campagne, muni de son épée et de son fidèle gourdin. Il finit par trouver le fameux taureau. Devant lui, on aperçoit une famille de paysans tétanisés d'angoisse, que la bête s'apprête à massacrer. Thésée se précipite, s'interpose, et engage le combat. Bien que le taureau soit colossal, Thésée, plus souple et plus agile, finit par l'assommer et lui trancher la tête. Il la rapporte à Athènes, encore toute sanguinolente, et la jette sur les marches du palais d'Égée. La foule l'acclame, plus que jamais enthousiaste.
L'intendant s'empresse d'aller prévenir son roi qui est justement en pleine conversation avec Médée. La magicienne est bluffée, mais in-

**THÉSÉE ARRIVE AUX PORTES DU PALAIS ET DEMANDE À ÊTRE REÇU PAR LE ROI. ÉGÉE DONNE L'ORDRE À SON INTENDANT D'ALLER LUI DIRE QU'IL NE SERA REÇU QU'APRÈS UNE ÉPREUVE : CELLE QUI CONSISTE À TUER LE TAUREAU DE MARATHON**

térieurement, elle ne cesse de pester..., jusqu'à ce qu'elle imagine un nouveau stratagème. Elle espérait bien que le taureau tuerait Thésée, mais à défaut, elle se tourne vers Égée et lui suggère un autre plan :

Médée : « *Tu vois, Égée, je t'avais bien dit que ce jeune homme était dangereux. Quelqu'un qui est capable de tuer le taureau de Marathon n'aura aucun mal à t'assassiner. Fais semblant de l'accueillir amicalement et donne-lui à boire un de tes meilleurs vins. Je mettrai ce qu'il faut dans son cratère et, crois-moi, nous en serons débarrassés à jamais !* »

Égée, toujours aussi crédule, fait comme Médée lui a dit. Il claque dans ses mains, donne l'ordre aux serviteurs de faire entrer le héros. Il est accompagné de quelques jeunes hommes admiratifs, qui en profitent pour entrer dans le palais avec lui : ils sont les bienvenus, car on va fêter dignement sa victoire sur le taureau ! Pendant ce temps, Médée retourne dans sa chambre, une espèce de laboratoire de sorcière où elle fabrique avec un sourire mauvais un poison mortel dont elle emplit une petite fiole.

Égée reçoit Thésée en toute amitié. Médée se précipite pour tendre un cratère de vin au jeune prince, non sans y avoir versé le contenu de la fiole. Mais le regard d'Égée se porte sur les sandales de son fils, puis sur l'épée qu'il a accrochée dans son dos, et il reconnaît les objets qu'il lui a laissés ! Alors il comprend que c'est bien son fils qu'il a devant lui et, d'un revers de la main, il balaye le cratère de vin que Thésée s'apprêtait à boire, il le prend dans ses bras et l'embrasse, des larmes plein les yeux ! Le liquide venimeux se répand sur le sol, dégageant une légère fumée de fort mauvais aloi...
Médée, furieuse, comprend qu'elle a perdu la partie et elle s'éclipse

sur-le-champ. Égée la cherche du regard, il comprend tout, et il donne l'ordre qu'on ne la laisse plus jamais, sous aucun prétexte, entrer dans le palais sous peine de mort. La voilà bannie pour toujours.

## THÉSÉE DANS LE LABYRINTHE CONSTRUIT PAR DÉDALE : LA LUTTE CONTRE LE MINOTAURE

Plusieurs jours après, tout est calme dans la grande salle du palais. Égée et Thésée sont ensemble, à bavarder, heureux de s'être enfin retrouvés. Mais le roi a malgré tout l'air préoccupé, tendu. Dehors, on entend une foule qui gronde et qui lance des cris haineux contre lui. Thésée l'interroge : « *Père, que se passe-t-il, quelle est cette foule qui gronde ? Dites-moi, je vous en prie, je voudrais tant vous apporter mon aide, si je le puis...* »

Alors Égée soupire et se tourne vers son fils :

« *C'est une longue et terrible histoire : Un jour, un des fils de Minos, le roi de Crète, dont tu sais qu'il est lui-même un fils de Zeus et de la belle Europe, s'est rendu à Athènes pour participer à une fête, la fête des "panathénées". Les jeunes gens devaient se mesurer dans plusieurs épreuves :*

**LE REGARD D'ÉGÉE SE PORTE SUR LES SANDALES DE SON FILS, PUIS SUR L'ÉPÉE QU'IL A ACCROCHÉE DANS SON DOS, ET IL RECONNAÎT LES OBJETS QU'IL LUI A LAISSÉS ! ALORS IL COMPREND QUE C'EST BIEN SON FILS QU'IL A DEVANT LUI ET, D'UN REVERS DE LA MAIN, IL BALAYE LE CRATÈRE DE VIN QUE THÉSÉE S'APPRÊTAIT À BOIRE**

MARIE-LAN NGUYEN

Cratère de 410-400 av. J.-C. Arrivée ou départ d'un jeune guerrier ou héros (peut-être Thésée arrivant à Athènes et salué par son père Égée qui l'a reconnu par son épée).

*javelot, lancer de disque, course à pied, à cheval, lutte, etc. Dans des circonstances troubles, Androgée, le fils de Minos, a été tué, et son père m'a aussitôt accusé du meurtre. Il a alors déclaré la guerre aux Athéniens et, pour faire cesser le siège d'Athènes, j'ai dû céder à ses conditions : il demande qu'on lui envoie, tous les neuf ans, sept jeunes hommes et sept jeunes filles. C'est aujourd'hui à nouveau le jour fatidique et voilà pourquoi la foule gronde…* »

Thésée : « *Et qu'arrive-t-il à ces malheureux ?* »

**DANS CE LABYRINTHE, MINOS A PLACÉ UN MONSTRE, LE MINOTAURE, UN ÊTRE GIGANTESQUE DOTÉ D'UN CORPS D'HOMME ET D'UNE TÊTE DE TAUREAU. IL EST NÉ DES AMOURS CONTRE NATURE DE LA FEMME DE MINOS, PASIPHAÉ, AVEC UN MONSTRE TAURIN**

Égée : « *Minos leur a réservé un sort atroce. Il a fait construire par son architecte, le fameux Dédale, un labyrinthe si extraordinairement tordu que personne n'a jamais réussi à en sortir. Or, dans ce labyrinthe, Minos a placé un monstre, le Minotaure, un être gigantesque doté d'un corps d'homme et d'une tête de taureau. Il est né des amours contre nature de la femme de Minos, Pasiphaé, avec un monstre taurin que Poséidon avait faire sortir des eaux pour aider Minos à devenir roi. Le dieu avait demandé à Minos de le sacrifier une fois que le prodige aurait été accompli mais, par pingrerie, Minos l'avait gardé pour lui. Pour le punir, Poséidon avait rendu sa femme amoureuse de la bête et c'est de leurs amours qu'était né le Minotaure. Désormais, le monstre poursuit les malheureux jeunes gens dans le labyrinthe dès qu'ils y sont précipités, et quand il les rattrape, ils sont voués à une mort terrifiante...* »

Aussitôt qu'il entend cette histoire, Thésée se porte volontaire pour faire partie des jeunes gens qui vont partir pour le labyrinthe. Il est convaincu qu'en participant à l'expédition il va pouvoir se débarrasser du Minotaure et sauver tout son petit monde.

## L'ORIGINE DU MINOTAURE...

Cette histoire de taureau remonte loin, fort loin en amont. Commençons par le personnage de Minos. Il est roi de Crète et ce n'est

Europe assise sur un taureau, en réalité Zeus, est célébrée par ses compagnes avant que le taureau ne l'emmène en Crète, fresque du Ier siècle ap. J.-C.

pas un homme bien sympathique. Il passe pour être l'un des nombreux fils de Zeus, un fils qu'il aurait eu lorsque qu'il s'était lui-même transformé en taureau, justement, pour enlever la ravissante Europe, une jeune fille sublime dont il était, comme d'habitude, tombé amoureux. Précisons au passage qu'Europe est la sœur de Cadmos, ce roi grec dont on se souvient qu'il a aidé Zeus à vaincre Typhon, ce qui lui a valu de recevoir en cadeau la main d'Harmonie, une des filles d'Aphrodite et d'Arès – cela dit pour vous montrer combien toutes ces légendes se répondent entre elles.
Mais revenons à nos moutons, ou plutôt à nos taureaux. Pour séduire Europe sans se faire prendre en flagrant délit par son épouse, la jalouse Héra, Zeus a pris l'apparence d'un jeune et gentil taureau d'une blancheur immaculée. L'animal est ravissant, très doux, et doté de cornes semblables à un croissant de lune. Bien que travesti en animal, Zeus

**POUR SÉDUIRE EUROPE SANS SE FAIRE PRENDRE EN FLAGRANT DÉLIT PAR SON ÉPOUSE, LA JALOUSE HÉRA, ZEUS A PRIS L'APPARENCE D'UN JEUNE ET GENTIL TAUREAU D'UNE BLANCHEUR IMMACULÉE**

s'est arrangé pour conserver tout son charme. Europe joue sur la plage, avec d'autres jeunes filles. Elle est la seule, à ce qu'on raconte, à ne pas se sauver devant l'apparition de la bête. Le taureau s'approche d'elle. Bien sûr, elle est un peu effrayée quand même, mais il a l'air si gentil, si peu féroce – Zeus fait ce qu'il faut pour garder l'air aimable ! – qu'elle commence à le caresser. Il lui fait les yeux doux. Il s'agenouille devant elle, tout mignon. Elle ne peut résister, elle monte sur son dos… et hop, Zeus/le taureau se relève et l'enlève en quatrième vitesse à travers les flots, jusqu'en Crète, où il reprend forme humaine pour faire coup sur coup trois enfants à la belle : Minos, Sarpédon et Rhadamanthe. Comme on le voit, tout commence pour le roi de Crète par une histoire de taureau.

Des trois frères, celui qui nous intéresse ici, c'est Minos. Si l'on en croit le récit d'Apollodore – qu'à nouveau je suis ici pour l'essentiel –, Minos rédige des lois pour la Crète, le pays dans lequel il a vu le jour. Car il veut y devenir roi. Il épouse alors une jeune femme, Pasiphaè, elle aussi de haute naissance, puisqu'on prétend qu'elle est l'une des filles d'Hélios, le Soleil. Il aura avec elle plusieurs enfants, dont deux filles qui vont devenir elles aussi célèbres : Ariane, que nous avons déjà rencontrée, et Phèdre. À la mort de l'ancien roi de Crète, qui n'a pas d'enfant, Minos décide de prendre la place laissée vacante. Pour y parvenir, il prétend à qui veut l'entendre qu'il a l'appui des dieux. La preuve ? Si on lui en demande une, c'est facile : il affirme être capable d'obtenir de Poséidon qu'il fasse sortir des flots un magnifique taureau. Pour obtenir les faveurs du dieu de la mer, Minos a dû évidemment lui sacrifier plusieurs bêtes et, surtout, il lui a promis que si jamais il accédait à sa demande, s'il faisait, le jour venu, sortir un taureau de la mer, il lui sacrifierait aussitôt l'animal. Or les dieux n'aiment rien tant que les sacrifices. Ils adorent la dévotion des hommes, les cultes et les honneurs qu'ils leur rendent, mais aussi, il n'y a pas de petits profits, la délicieuse odeur que dégagent les bonnes grosses cuisses de taureau quand elles rôtissent sur la braise… Poséidon fait donc comme Minos lui a demandé : sous les yeux ébahis du peuple de Crète rassemblé pour l'occasion, un magnifique taureau sort lentement des eaux et s'élève dans le ciel !

Aussitôt le miracle accompli, Minos devient roi. Le peuple ne saurait

**POSÉIDON FAIT DONC COMME MINOS LUI A DEMANDÉ : SOUS LES YEUX ÉBAHIS DU PEUPLE DE CRÈTE RASSEMBLÉ POUR L'OCCASION, UN MAGNIFIQUE TAUREAU SORT LENTEMENT DES EAUX ET S'ÉLÈVE DANS LE CIEL !**

refuser quoi que ce soit à un homme qui possède à ce point la faveur des Olympiens. Mais, comme je l'ai déjà suggéré, Minos n'est pas vraiment ce qu'on appelle un type bien. Entre autres défauts, il n'a pas de parole. Et il trouve le taureau de Poséidon si beau, si puissant, qu'il décide de le garder comme animal reproducteur, pour ses propres troupeaux, au lieu de le sacrifier au dieu, comme il l'avait promis. Grave erreur, qui confine à vrai dire à l'*hybris*. On ne se paie pas ainsi impunément la tête de Poséidon et le dieu, courroucé comme rarement, décide de châtier l'impudent.

Voici comment Apollodore raconte l'épisode :

**« Poséidon, irrité contre Minos parce qu'il n'avait pas sacrifié le taureau, rendit l'animal furieux et fit en sorte que Pasiphaè** (la femme de Minos) **éprouvât pour lui du désir. Tombée amoureuse du taureau, elle prend pour complice Dédale, un architecte qui avait été banni d'Athènes à la suite d'un meurtre. Celui-ci fabriqua une vache en bois, la monta sur des roues, l'évida à l'intérieur, cousit sur elle la peau d'une vache qu'il avait au préalable écorchée et, après l'avoir placée dans le pré où le taureau avait l'habitude de paître, il y fit monter Pasiphaè. Le taureau vint et s'accoupla avec elle comme avec une vraie vache. C'est ainsi que Pasiphaè enfanta Astérios, appelé le**

**Minotaure, qui avait la face d'un taureau et, pour le reste, un corps d'homme. Minos, conformément à des oracles, le fit enfermer et garder dans le Labyrinthe. Ce Labyrinthe, que Dédale avait construit, était une demeure aux détours tortueux, telle qu'on y errait sans jamais pouvoir en sortir. »**

Commentons un peu ce passage.

D'abord, la vengeance de Poséidon. Avouons qu'elle est assez tordue. Il décide, tout simplement, de rendre Minos cocu, et pas n'importe comment : avec le taureau qu'il aurait dû lui sacrifier ! Comme toujours, le châtiment est en proportion du crime, il en est, au sens grec, le *symbolon*, le symbole. Pour comprendre ce qu'est un *symbolon*, représentez-vous une brindille, une allumette, par exemple, qu'on brise en deux morceaux : les deux bords hachés de la déchirure, de la brisure, se correspondent parfaitement, ils s'emboîtent l'un dans l'autre, c'est cela un *symbolon*, et les châtiments qui émaillent les mythes grecs en ont toujours la structure : *Minos a trompé par le taureau, il sera trompé par lui*. Poséidon jette ainsi un sort à sa femme, Pasiphaè, pour qu'elle tombe amoureuse de l'animal et qu'elle enfante avec lui le Minotaure – ce qui, littéralement, veut dire : « le taureau de Minos » –, lequel, malgré ce nom, est tout sauf le père…

## THÉSÉE CONTRE LE MINOTAURE, DANS LE LABYRINTHE, AVEC L'AIDE D'ARIANE, FILLE DE MINOS

Mais reprenons le fil de notre histoire.

Thésée, donc, se porte volontaire pour faire partie des jeunes gens que Minos vient chercher à Athènes pour les livrer au monstre. Il se prépare, prend ses armes, puis on le voit gagner le port d'Athènes. On aperçoit pendant ce même temps le roi Minos qui arrive sur un puissant

**Dédale, Pasiphaé et la vache en bois : fresque romaine de Pompéi, maison des Vettii.**

bateau pour choisir lui-même les sept garçons et les sept filles qui, la tête basse, tandis que leurs familles clament leur détresse, attendent en tremblant. Les malheureux désignés pour la mort montent dans le bateau. Thésée, bien entendu, est du nombre, ainsi qu'une sublime jeune fille, Périboéa, qui se détache du lot par sa beauté exceptionnelle. Thésée et elle ont échangé quelques mots quand elle s'est présentée à lui, tandis que Minos la regardait d'un œil concupiscent. Égée est là, lui aussi, sur le port, à regarder partir son fils. Avant qu'il ne monte sur le bateau, il lui donne un sac de toile et lui dit :

**ON APERÇOIT PENDANT CE MÊME TEMPS LE ROI MINOS QUI ARRIVE SUR UN PUISSANT BATEAU POUR CHOISIR LUI-MÊME LES SEPT GARÇONS ET LES SEPT FILLES QUI, LA TÊTE BASSE, TANDIS QUE LEURS FAMILLES CLAMENT LEUR DÉTRESSE, ATTENDENT EN TREMBLANT**

« *Tu vas partir avec des voiles noires, signe de malheur, mais tiens, prends ce sac : dedans tu trouveras des voiles blanches. Si jamais tu rentres victorieux, fais-les hisser au mât, comme ça je saurai de loin, avant tout le monde, que tu es sauf !* »

Le navire de Minos largue les amarres. Il quitte le port et s'éloigne sur les flots bleus. On suit un peu la traversée et on voit, la nuit, l'ignoble Minos qui se glisse dans la cabine où dort la jeune Périboéa. Il retire délicatement la chemise de nuit de la jeune femme, on voit apparaître ses jolis seins et, fou de désir, il essaie de l'embrasser, bref, de la violer. Périboéa hurle. Thésée se réveille, se précipite hors de sa cabine, s'interpose entre Minos et la jeune femme qu'il emmène au-dehors. Ils se retrouvent alors tous les trois sur le pont du bateau, en pleine mer.

Fou de rage, Minos lui dit : « *Sais-tu bien qui je suis ? Un fils de Zeus, et je vais te prouver que mon père est avec moi !* » Levant les bras et les yeux au ciel, il implore alors Zeus d'envoyer un signe.

Les jeunes gens et quelques marins que le vacarme a réveillés sont venus assister à la scène, sur le pont du bateau. Quelques secondes après l'imploration de Minos, on voit un éclair fabuleux traverser le ciel tandis que les marins tombent à genoux.

Alors Thésée se tourne vers Minos et lui dit : « *Moi aussi, je suis le fils d'un dieu, Poséidon, et je ne n'ai rien à craindre de toi...* » Minos ricane : « *Alors, prouve-le, pauvre fou !* » Et Minos retire la bague qu'il avait au doigt et la jette dans la mer en criant : « *Si tu es le fils de Poséidon, demande-lui donc de t'aider à retrouver cette bague et je te laisserai la fille !* » Ricanement de Minos et de ses sbires. Sans perdre une seconde, mais très calme, Thésée plonge dans l'eau noire... Une minute passe, puis deux, puis cinq. On regarde partout, on le croit noyé, Minos est ravi..., quand, sortant de l'onde, ruisselant, Thésée grimpe par la poupe du bateau, la bague entre les dents ! Son père céleste ne l'avait pas oublié.

Minos, rageur, renvoie chacun dans sa cabine et rentre dans la sienne.

Le voyage reprend, à la rame et à la voile. Enfin, le bateau arrive en Crète. On débarque. Minos conduit les quatorze jeunes gens vers le

**THÉSÉE PLONGE DANS L'EAU NOIRE... UNE MINUTE PASSE, PUIS DEUX, PUIS CINQ. ON REGARDE PARTOUT, ON LE CROIT NOYÉ, MINOS EST RAVI..., QUAND, SORTANT DE L'ONDE, RUISSELANT, THÉSÉE GRIMPE PAR LA POUPE DU BATEAU, LA BAGUE ENTRE LES DENTS ! SON PÈRE CÉLESTE NE L'AVAIT PAS OUBLIÉ**

lieu de leur supplice. Du haut de la colline où se trouve le palais du roi, on peut contempler le chef-d'œuvre de Dédale : le labyrinthe est immense, on n'en voit pas les limites, et les arbres qui le recouvrent sont si épais qu'il est impossible d'imaginer même qu'on puisse en sortir. À l'entrée, naseaux fumants, yeux rougeoyants, dents de carnivore qui dégoulinent de bave, on aperçoit l'horrible monstre qui attend ses proies. Mais pendant que les jeunes gens se regroupent devant la porte du labyrinthe, on voit aussi une femme ravissante s'approcher. Elle embrasse Minos sur les joues, en lui disant : « *Bonjour père* », car c'est en effet l'une de ses filles, la belle Ariane. Et là, on voit Ariane qui regarde Thésée d'un drôle d'air. En fait, ils échangent tous les deux un regard brûlant. C'est le coup de foudre ! Ils sont séduits l'un comme l'autre, d'un seul coup transis d'amour. L'air de rien, furtivement, Ariane s'arrange pour s'approcher de lui sans que son père s'en aperçoive, elle lui caresse la main. Et dans un souffle, elle lui dit :

« *Je sais qui tu es, Thésée, je connais tes exploits, et je ne te laisserai pas mourir. J'ai demandé à Dédale comment sortir du labyrinthe, et il m'a donné cette pelote de fil. Dès que tu seras entré dans la première allée, attache le fil au verrou et dévide la bobine tout au long de ton parcours. Tu n'auras qu'à la rembobiner pour retrouver ton chemin !* »

Puis, dans un souffle, elle l'effleure et l'embrasse au passage tandis que les jeunes gens sont poussés par des soldats vers leur terrible sort. Juste avant que Thésée n'entre, Ariane lui glisse encore un mot à l'oreille : « *Je ne te demande qu'une chose. Si tu parviens à vaincre le Minotaure, emmène-moi et épouse-moi, car je veux être ta femme.* »

Thésée, déjà transi d'amour, lui promet bien sûr de partir avec elle… À peine ont-ils parcouru quelques mètres que le Minotaure se jette sur les jeunes gens et commence à en dévorer de manière atroce quelques-uns. Thésée est entré le dernier, non par couardise, bien sûr, mais pour assurer son fil. Guidé par les hurlements des malheureux, il se précipite pour rejoindre la bête. Il l'affronte en combat singulier et c'est à la seule force de ses poings nus qu'il parvient à assommer le Minotaure. Il a bien entendu pris grand soin, avant d'entrer dans ce jardin maléfique, de ne jamais perdre le fameux « fil d'Ariane ». Une fois le monstre terrassé, il s'empare de la cordelette et la suit avec les quelques jeunes gens qui n'ont pas été dévorés. Il retrouve la sortie où l'attend la fille de Minos, qui le guide aussitôt vers le port. Ils courent à toutes jambes, montent sur un bateau qu'Ariane a fait affréter de nuit, larguent aussitôt les amarres et s'enfuient vers Athènes.

**IL A BIEN ENTENDU PRIS GRAND SOIN, AVANT D'ENTRER DANS CE JARDIN MALÉFIQUE, DE NE JAMAIS PERDRE LE FAMEUX « FIL D'ARIANE ». UNE FOIS LE MONSTRE TERRASSÉ, IL S'EMPARE DE LA CORDELETTE ET LA SUIT AVEC LES QUELQUES JEUNES GENS QUI N'ONT PAS ÉTÉ DÉVORÉS**

*Thésée et le Minotaure dans le labyrinthe*, dessin crayon et encre de Edward Burne-Jones (1833-1898).

Pendant la traversée, Thésée et Ariane ne cessent de faire l'amour. En cours de route, le bateau fait halte sur une île. Ariane s'endort. Mais au beau milieu de la nuit, Athéna apparaît, avec sa chouette sur l'épaule, sa lance à la main et son bouclier où figure la tête de Méduse. Elle s'adresse alors à Thésée :

« *Thésée, je sais que je vais te faire de la peine, mais écoute-moi attentivement. Du haut de l'Olympe, Dionysos a vu Ariane te sauver et il est tombé lui aussi fou amoureux d'elle. Il veut l'épouser et personne, pas même toi, ne peut s'opposer à la volonté d'un dieu aussi puissant que lui. En plus, si tu aimes vraiment Ariane, sache qu'elle aura avec lui un destin somptueux. Alors sois sage, remonte sur ton bateau et prends la mer pendant qu'elle dort, je m'occuperai du reste...* »

On ne désobéit pas aux dieux, surtout à ces deux-là. Tout triste, Thésée remonte sur l'esquif et s'enfuit en pleine nuit. Quand Ariane se réveille, Dionysos est aux pieds de sa couche et il l'emmène avec lui sur l'Olympe...

Voici, selon l'une des plus anciennes versions de cette légende, celle de Phérécyde[2], qui a servi de matrice et de modèle à la plupart des mythographes, comment les choses se sont passées :

« **Lorsqu'il y arrive** (en Crète), **Ariane, fille de Minos, amoureusement disposée à son égard, lui donne une pelote de fil qu'elle avait reçue de Dédale, l'architecte, et elle lui recommande d'attacher, après être entré, le début de la pelote au verrou du haut de la porte, d'avancer en la déroulant jusqu'à ce qu'il arrive au fond et, lorsqu'il aurait**

2. Je cite ici la traduction fidèle qu'en donnent Jean-Claude Carrière et Bertrand Massonie dans leur précieuse édition annotée de la *Bibliothèque* d'Apollodore.

TOUT À SON VAGUE À L'ÂME, CAUSÉ PAR L'ABSENCE D'ARIANE, THÉSÉE OUBLIE, EN ARRIVANT À ATHÈNES, DE METTRE LES VOILES BLANCHES QUE SON PÈRE LUI AVAIT CONFIÉES AU MOMENT DE SON DÉPART

**saisi le Minotaure endormi et l'aurait vaincu, de sacrifier à Poséidon des cheveux de sa tête, puis de revenir en ré-enroulant la pelote… Après avoir tué le Minotaure, Thésée prend Ariane et embarque aussi les jeunes gens et les jeunes filles pour qui le moment d'être livrés au Minotaure n'était pas encore venu. Cela fait, il part au milieu de la nuit. Il aborde à l'île de Dia, débarque et se couche sur la plage. Athéna se dresse près de lui et lui ordonne de laisser Ariane et de partir pour Athènes. À l'instant, il se relève et s'exécute. À Ariane qui se lamente, Aphrodite apparaît et elle l'exhorte à reprendre courage : elle va être l'épouse de Dionysos et devenir célèbre. Puis le dieu lui apparaît et lui donne une couronne d'or que, par la suite, les dieux changèrent en constellation pour faire plaisir à Dionysos… »**

Ce qui explique le drame qui va entraîner la mort d'Égée. Tout à son vague à l'âme, causé par l'absence d'Ariane, Thésée oublie, en arrivant à Athènes, de mettre les voiles blanches que son père lui avait confiées au moment de son départ. On le voit, tout triste, sur son bateau, qui pense à sa bien-aimée quand il entre dans le port du Pirée, avec ses voiles noires. Les guetteurs du roi aperçoivent le navire et vont aussitôt prévenir Égée. Désespéré, Égée se précipite dans la mer du haut de l'acropole, le rocher qui surplombe le port. C'est depuis cet instant qu'on appelle cette étendue d'eau la « mer Égée »…

*Bacchus et Ariane*, peinture anonyme du XVII$^{e}$ siècle.

## HIPPOLYTE, PHÈDRE ET LA MORT DE THÉSÉE

Depuis la mort de son père, Thésée est devenu le nouveau roi d'Athènes. Il a vieilli, ce n'est pas encore un vieillard, mais un homme mur, un adulte, plus un jeune homme, et il exerce le pouvoir avec une très grande sagesse. Il passe même pour l'un des principaux fondateurs de la démocratie athénienne, pour l'un des premiers, aussi, à s'occuper des plus faibles. Il rend la justice, crée une assemblée législative, s'occupe des plus pauvres. Il a grand cœur et, par exemple, c'est lui qui prendra le malheureux Œdipe en pitié alors qu'en dehors de sa fille, Antigone, il est abandonné de tous. Il viendra lui parler et il le conduira lui-même jusqu'à sa dernière demeure. Du reste, comme on le voit dans la pièce de Sophocle, *Œdipe à Colone*, qui relate justement cet épisode, lorsque Créon, qui a pris la place d'Œdipe sur le trône de Thèbes, se rend à Colone pour enlever Œdipe (un oracle a prédit que seul l'ancien souverain pourrait sauver la ville), Thésée prend la défense du malheureux vieillard, et c'est au nom de la justice qu'il a mise en place à Athènes et qui fait désormais l'honneur de sa ville qu'il s'interpose en s'adressant en ces termes à Créon qui vient d'enlever les filles d'Œdipe, Ismène et Antigone, et qui veut en faire autant avec leur père :

**« Tu ne sortiras pas de ce pays avant d'avoir ramené ces filles, avant de les avoir mises sous mes yeux ! Tu as agi d'une façon indigne, indigne de moi comme de ton pays. Quoi ? Tu entres dans un État qui pratique la justice, qui ne fait rien sans l'aval de la loi et te voilà**

**qui négliges ses autorités, qui te précipites pour emmener ce qui te plaît et qui te l'appropries de force ! Tu paraîs t'être imaginé que ma ville est vide d'hommes ou peuplée seulement d'esclaves et que je comptais, moi, pour rien ! Thèbes ne t'a pourtant pas élevé pour faire le mal et elle n'a pas coutume de nourrir des hommes pour l'injustice... Je ne voudrais pas, pour ma part, quand même j'en aurais les meilleures raisons, pénétrer sur ta terre sans l'aval de son chef, quel qu'il fût. Je ne voudrais en arracher ni en emmener personne et je saurais comment un étranger doit se comporter chez des citoyens, tandis que toi, tu déshonores ton pays sans qu'il l'ait mérité en rien. Le nombre de tes années fait de toi tout ensemble un vieillard et un écervelé. »**

THÉSÉE EST DEVENU LE NOUVEAU ROI D'ATHÈNES. IL EXERCE LE POUVOIR AVEC UNE TRÈS GRANDE SAGESSE. IL PASSE MÊME POUR L'UN DES PRINCIPAUX FONDATEURS DE LA DÉMOCRATIE ATHÉNIENNE, POUR L'UN DES PREMIERS, AUSSI, À S'OCCUPER DES PLUS FAIBLES. IL REND LA JUSTICE

Belle leçon de droit, beau souci de la justice que Créon aura quelque peine à recevoir, mais où l'on mesure à nouveau tout ce qui sépare Thésée de son cousin Héraclès. Certes, comme ce dernier, il lutte contre les monstrueuses résurgences des forces destructrices du chaos initial, mais à la différence d'Héraclès, il n'est pas déchiré, pas habité par cette violence démesurée qui finit toujours par faire son malheur. Chez lui, la justice va de pair avec la vie bonne, avec la sérénité et le bonheur.

**THÉSÉE LUTTE CONTRE LES MONSTRUEUSES RÉSURGENCES DES FORCES DESTRUCTRICES DU CHAOS INITIAL, MAIS À LA DIFFÉRENCE D'HÉRACLÈS, IL N'EST PAS DÉCHIRÉ, PAS HABITÉ PAR CETTE VIOLENCE DÉMESURÉE QUI FINIT TOUJOURS PAR FAIRE SON MALHEUR. CHEZ LUI, LA JUSTICE VA DE PAIR AVEC LA VIE BONNE, AVEC LA SÉRÉNITÉ ET LE BONHEUR**

Nous allons y revenir mais pour le moment, nous retrouvons le roi Thésée dans son palais, parlant avec son fils, Hippolyte, un beau jeune homme qui est né d'une rencontre que Thésée a faite avec une Amazone.

Thésée : « *Hippolyte, mon fils, comment vas-tu, dis-moi si tout se passe bien ici, pour toi ?* » Thésée aime son fils, il est plein de sollicitude à son égard, et Hippolyte le lui rend bien. Puis, Thésée se confie à Hippolyte : il lui annonce qu'il songe à se remarier avec Phèdre, la sœur d'Ariane, une autre fille de Minos, donc. C'est à la fois une histoire d'amour, mais aussi un signe de réconciliation avec la famille de son ancien adversaire désormais hors de combat. Quelque temps plus tard, le mariage a lieu, une fête somptueuse qui se tient dans les jardins magnifiques du palais royal. Hippolyte est bien entendu aux côtés de son père, aux premières loges, et il se réjouit pour lui. On voit Phèdre, ravissante, qui, curieusement, ne cesse de regarder Hippolyte. On comprend qu'elle éprouve un sentiment fort pour lui, car il est jeune et beau comme un astre. Ce qu'elle ignore cependant, c'est qu'il est non seulement loyal, mais que de toute façon, comme beaucoup de citoyens d'Athènes, il préfère les hommes aux femmes...

Thésée ne voit rien. Il aime Phèdre, mais cette dernière est un peu comme la princesse de Clèves : bien qu'elle éprouve un grand respect pour son mari qu'elle aime d'amitié, elle n'en tombe pas moins folle amoureuse d'un autre, en l'occurrence de son beau-fils, Hippolyte. La tendresse et l'amour passion sont choses différentes. On la voit qui l'attire dans sa chambre sous un fallacieux prétexte et qui se jette aussitôt dans ses bras pour l'embrasser. Le malheureux Hippolyte est horrifié. Fidèle à son père, il refuse évidemment les avances de sa belle-mère, et ce pour deux raisons qu'il lui indique clairement : d'abord, il n'est pas attiré par les femmes. Ses seuls passe-temps sont la chasse et les jeux de guerre avec d'autres garçons. Tout ce qui est féminin l'ennuie ou lui fait peur ; mais en outre, Hippolyte adore littéralement son père, et pour rien au monde il ne lui viendrait à l'idée de le trahir en couchant avec son épouse.
Phèdre prend fort mal le refus du jeune homme. Elle s'empare d'un vase précieux et le jette par terre de toutes ses forces. Dès qu'Hippolyte a fermé la porte, elle jure de se venger. En outre, elle commence à s'inquiéter, à vrai dire, elle est saisie de panique : elle se dit qu'il pourrait bien en parler à Thésée. Alors elle anticipe le drame, elle prend les devants. Un beau jour qu'Hippolyte est justement dans les parages

THÉSÉE NE VOIT RIEN. IL AIME PHÈDRE, MAIS CETTE DERNIÈRE EST UN PEU COMME LA PRINCESSE DE CLÈVES : BIEN QU'ELLE ÉPROUVE UN GRAND RESPECT POUR SON MARI QU'ELLE AIME D'AMITIÉ, ELLE N'EN TOMBE PAS MOINS FOLLE AMOUREUSE D'UN AUTRE, EN L'OCCURRENCE DE SON BEAU-FILS, HIPPOLYTE elle défonce volontairement la porte de sa chambre, déchire exprès ses vêtements, laissant apparaître sa jolie poitrine qu'elle prend soin de griffer jusqu'au sang, puis elle se met à hurler et prétend que le jeune homme a tenté de la violer ! Thésée accourt. Hippolyte est anéanti d'horreur. Il essaie de se défendre auprès de son père, mais, comme souvent, Thésée fait confiance à sa femme et, le cœur brisé, il chasse son fils de sa maison. Sous le coup de la colère, il commet l'erreur fatale d'implorer Poséidon, son père céleste, de faire mourir Hippolyte. On voit alors le jeune homme sur la route. Il fuit la maison à vive allure, les larmes aux yeux, sur son char tiré par des chevaux rapides. Au moment où son équipage longe la mer, on voit Poséidon apparaître dans le ciel, qui fait sortir de l'onde un gigantesque taureau (décidément, tout se passe dans cette histoire sous le signe des bovins). Effrayés, les chevaux s'affolent, quittent la voie, le char se renverse et se brise en mille morceaux. Dans l'accident, Hippolyte trouve la mort. Les serviteurs du roi apprennent la nouvelle et ils l'annoncent aussitôt à Thésée comme à Phèdre, qui ne supporte pas le drame. Elle finit par avouer la vérité à son mari et elle se suicide dans sa chambre, par pendaison.

Cet épisode a inspiré une pléiade de dramaturges et l'histoire, sans doute parce qu'elle est l'une des plus tragiques, est restée gravée dans les mémoires. Thésée n'est plus que l'ombre de lui-même. Il quitte le trône pour se réfugier chez un vague cousin éloigné, un certain Lycomèdès. Un jour qu'il se promène dans les montagnes de l'île, il tombe dans une espèce de crevasse et meurt. Plus tard, les Athéniens récupéreront ses restes, et lui rendront un culte tout semblable à celui qu'on réserve aux dieux...
Bien entendu, comme tous les humains, Thésée connaît le malheur.

**PENDANT UNE LONGUE PARTIE DE SON EXISTENCE, THÉSÉE PARVIENT AU BONHEUR ET S'IL Y ACCÈDE, C'EST PARCE QU'IL EST RÉCONCILIÉ AVEC LUI-MÊME COMME AVEC LE MONDE. IL A TROUVÉ SA PLACE, À ATHÈNES, OÙ IL FAIT RÉGNER LA JUSTICE ET LA CHARITÉ**

Comme tous les mortels, êtres par définition finis, sa vie se termine par la mort. Reste que, pendant une longue partie de son existence, il parvient au bonheur et s'il y accède, c'est parce qu'il est réconcilié avec lui-même comme avec le monde. Il a trouvé sa place, à Athènes, où il fait régner la justice et la charité de sorte que si le malheur lui vient, c'est de l'extérieur, point de lui-même ni de ses déchirements intérieurs.

C'est finalement ce message de sagesse que nous allons retrouver jusqu'à nos jours dans ce qu'on pourrait appeler les « philosophies du bonheur » qui, la plupart du temps, s'inspirent des sagesses anciennes d'Occident ou d'Orient. De même qu'il existe dans l'histoire de la pensée des philosophies tragiques et des philosophies anti-tragiques, il existe des philosophies du bonheur et des philosophies qui tiennent cette idée pour illusoire. Voilà pourquoi la notion même de bonheur va donner lieu à une véritable antinomie, c'est-à-dire une contradiction absolue entre deux thèses qui ont pourtant l'avantage (ou l'inconvénient) de s'appuyer chacune sur des arguments en apparence aussi convaincants d'un côté que de l'autre. C'est cette antinomie que je voudrais vous présenter maintenant en guise de conclusion philosophique à la belle légende de Thésée.

*La Mort d'Hippolyte,* morceau de réception pour l'Académie royale, 1715.

## L'EUDÉMONISME GREC ET LES PHILOSOPHIES DU BONHEUR

Tâchons de formuler cette contradiction sous sa forme la plus concise possible avant de développer les arguments qui sous-tendent les deux logiques opposées :

Thèse : *Le bonheur guide toutes nos actions ; on peut l'identifier, le définir de manière claire de sorte qu'il peut être durablement accessible d'autant qu'il ne dépend pas des autres, mais d'abord de nous-mêmes, de notre capacité à nous mettre en harmonie avec notre moi profond comme avec le monde extérieur, donc d'un travail sur soi, d'exercices de sagesse appropriés plus que de l'état du monde.*

Antithèse : *Bien entendu, nous cherchons tous à priori plutôt le bonheur que le malheur, mais, d'une part, à la différence du malheur, le bonheur est par essence indéfinissable, non identifiable, car nous ne pouvons jamais être absolument certains de ce qui va nous rendre heureux – argent, amour, justice, réussite sociale, etc. En outre, en admettant même qu'on puisse en forger pour un temps, par exemple une période de sa vie, une idée approximative, il dépend infiniment moins d'un travail de sagesse sur soi que de l'état du monde et du sort des autres, notamment de ceux que nous aimons, de sorte qu'il est toujours fragile et provisoire, donc inaccessible durablement par soi seul.*

Dans la pensée contemporaine, ce débat sur le bonheur a pris un tour bien entendu un peu différent de celui qu'il avait dans l'Antiquité. Il n'en reste pas moins que la référence aux sagesses anciennes est devenue centrale dans certains courants actuels de pensée qui plaident en général en faveur de la thèse au nom de trois grands arguments. Je voudrais les exposer brièvement avant d'indiquer en retour ceux qui animent les tenants de l'antithèse.

## I. LES ARGUMENTS DE LA THÈSE

- 1. Le premier argument est, au sens propre, fondamental, fondateur, car il inspire et irrigue tous les autres. Il affirme que le bonheur ne dépend que de nous, pas du monde extérieur, mais d'un travail sur soi, d'exercices de sagesse appropriés qui visent notamment, comme le disait Descartes d'une formule stoïcienne, à « changer ses désirs plutôt que l'ordre du monde ». C'est du reste en faisant miroiter à son lecteur la possibilité de se changer lui-même, alors que changer le réel – la politique étant ce qu'elle est – lui semble le plus souvent hors de portée, que le message des philosophies du bonheur « par soi » rencontre un si large écho auprès d'un vaste public : qui ne serait tenté par une promesse aussi magnifique ? Voici, à titre d'exemple, ce qu'écrit à ce propos Frédéric Lenoir dans un petit livre très représentatif de ce retour aux sagesses antiques (*Du bonheur, un voyage philosophique*, chez Fayard) :

**LE PREMIER ARGUMENT AFFIRME QUE LE BONHEUR NE DÉPEND QUE DE NOUS, PAS DU MONDE EXTÉRIEUR, MAIS D'UN TRAVAIL SUR SOI, D'EXERCICES DE SAGESSE APPROPRIÉS QUI VISENT NOTAMMENT, COMME LE DISAIT DESCARTES D'UNE FORMULE STOÏCIENNE, À « CHANGER SES DÉSIRS PLUTÔT QUE L'ORDRE DU MONDE »**

**« Un homme malheureux sera malheureux partout, un homme qui a trouvé le bonheur en lui sera heureux partout, quel que soit son environnement. Au pessimisme de Kant, de Schopenhauer et de Freud, qui affirment qu'un bonheur complet et durable est impossible à cause du caractère infini du désir humain, les sages d'Orient et d'Occident répondent que le bonheur est possible à condition de ne plus chercher à ajuster le monde à nos désirs. La sagesse nous apprend à désirer et à aimer ce qui est. Elle nous apprend à dire oui à la vie. Un bonheur profond et durable devient possible dès lors que nous transformons notre propre regard sur le monde. Nous découvrons alors que le bonheur et le malheur ne dépendent plus tant de causes extérieures que de notre "état d'être". Être heureux, c'est aimer la vie, toute la vie : avec ses hauts et ses bas, ses traits de lumière et ses phases de ténèbres, ses plaisirs et ses peines... C'est vivre intensément chaque instant. »**

Bien évidemment, ces considérations n'ont de sens que si elles ne valent pas que par beau temps, quand tout va bien, mais s'appliquent aussi, comme le veulent les stoïciens notamment, quand les circonstances de la vie sont pénibles, voire atroces, dans les camps de la mort comme dans le VI^e^ arrondissement de Paris en période de paix. C'est là justement ce que développe le deuxième argument selon lequel...

- 2. ... il est tout à fait possible, contrairement à une opinion reçue, d'être heureux dans un monde malheureux. C'est même un devoir moral, car le bonheur étant contagieux, il est bénéfique pour les autres. Cette thèse, inspirée des sagesses anciennes, stoïcienne mais tout autant bouddhiste, est une conséquence directe de la première : puisque le bonheur ne dépend que de moi, de ma sagesse intérieure, et non des conditions extérieures de mon existence, un travail sur moi, sur mon esprit, devrait me permettre en toutes circonstances d'y parvenir. Les théoriciens du bonheur par soi n'hésitent donc pas dans cette perspective à aborder la question qui vient aussitôt à l'esprit : peut-on vraiment être heureux à Goma ou Auschwitz, au milieu du massacre d'un village en Centrafrique, dans une chambre de torture en Syrie ? On dira que ces situations sont exceptionnelles, que la « *reductio ad Hitlerum* » est un argument pathétique, aussi facile qu'usé, qu'on parle de bonheur « dans des conditions normales ». Mais, comme on vient de le voir avec Frédéric Lenoir, les théoriciens du bonheur par soi mettent la barre explicitement très haut : leur propos vise bel et bien à dire que le bonheur est possible en toutes circonstances, qu'il faut dire « oui » partout, comme le veut Spinoza, même dans le monde le plus atroce et le plus malheureux qui soit. Du reste, à quoi servirait-il de dire qu'on peut accéder au bonheur... quand tout va bien, quand on est déjà heureux ? C'est dans cette optique que par exemple Frédéric Lenoir cite dans le même ouvrage un petit texte d'Etty Hillesum, cette philosophe assassinée à Auschwitz en 1943 à l'âge de 29 ans :

**« Quand on a une vie intérieure, peu importe, sans doute, de quel côté des grilles du camp on se trouve... J'ai déjà subi mille morts dans mille camps de concentration. Tout m'est connu. Aucune information nouvelle ne m'angoisse plus. D'une façon ou d'une autre, je sais déjà tout. Et pourtant, je trouve une vie belle et riche de sens. À chaque instant... Le grand obstacle, c'est toujours la représentation et non la réalité. »**

Une précision quand même, avant d'y revenir : ce texte ne traduit nullement une expérience des camps puisqu'il a été écrit deux ans avant que Etty Hillesum ne soit internée et martyrisée à Auschwitz. Ensuite, je doute qu'il décrive véritablement ce qu'on pourrait tenir pour une expérience d'un bonheur complet et durable. J'y vois plutôt une formidable dénégation, un moyen noble, mais surtout pathétique de se rassurer devant l'éventualité du malheur absolu. Mais acceptons l'idée pour le moment, afin de ne pas casser trop tôt le type idéal des philosophies du bonheur. Peut être y a-t-il après tout dans ce qui suit de quoi répondre à cette objection en le complétant.

- 3. La troisième thèse essentielle au dispositif d'ensemble est, en effet, celle selon laquelle le bonheur est parfaitement définissable. Il suffit pour cela que nous parvenions à bien identifier notre nature profonde, nos besoins essentiels, que nous soyons capables de nous libérer de la tyrannie des artifices qui nous font entrer dans la course folle du consumérisme. En d'autres termes, il nous faut revenir de l'avoir à l'être, du quantitatif au qualitatif, apprendre à habiter le présent, loin des mirages du passé et du futur, de la nostalgie comme de l'espérance. Aimer ce que nous avons ici et maintenant plutôt que désirer sans cesse ce que nous n'avons pas : voilà le secret ! Alors, identifiant ce qui nous convient vraiment, saisissant notre nature profonde, nous pourrons accéder à un bonheur complet et durable – thème qui permet au passage

« LE BONHEUR EST PARFAITEMENT DÉFINISSABLE. IL SUFFIT POUR CELA QUE NOUS PARVENIONS À BIEN IDENTIFIER NOTRE NATURE PROFONDE, NOS BESOINS ESSENTIELS, QUE NOUS SOYONS CAPABLES DE NOUS LIBÉRER DE LA TYRANNIE DES ARTIFICES

Portrait d'Épicure, copie romaine d'un original héllénistique.

> **POUR ASSEOIR CETTE IDÉE QUE LE BONHEUR EST DÉFINISSABLE EN FONCTION D'UNE CONNAISSANCE DE SA NATURE PROPRE, IL FAUT ÉVIDEMMENT POSTULER QU'IL EXISTE BEL ET BIEN QUELQUE CHOSE COMME DU « NATUREL » EN NOUS**

de faire une discrète critique de la société de consommation, du capitalisme, de l'argent, de la course aux vanités et pose ainsi le théoricien du bonheur par soi en posture de sage au-dessus de la mêlée. Pour asseoir cette idée que le bonheur est définissable en fonction d'une connaissance de sa nature propre, il faut évidemment postuler qu'il existe bel et bien quelque chose comme du « naturel » en nous, quelque chose comme une « nature humaine » fondamentale à laquelle certains ingrédients d'une vie bonne conviendraient et d'autres non, comme la carotte convient au lapin, la graine au pigeon, ou la viande hachée à mes chats. C'est cette adéquation entre une espèce de réceptacle que serait la nature humaine d'un côté et ce qui lui convient de l'autre qui permettrait d'identifier et de définir les éléments constitutifs du bonheur.

C'est dans cette perspective que les théoriciens contemporains du bonheur par soi se réfèrent volontiers à la philosophie d'Épicure, car elle leur offre quatre grands thèmes qui permettent d'étayer l'idée d'une définition possible du bonheur. Comme le *tetrapharmakos* – le médicament le plus efficace alors connu des médecins grecs se compose de quatre ingrédients (la cire, le suif, la poix et la résine) –, la philosophie est une thérapeutique de l'âme qui nous propose quatre remèdes : A) Les dieux ne s'occupent pas de nous, nous n'avons rien à craindre d'eux ; B) La mort n'est rien pour nous puisque, quand elle est là, nous n'y sommes plus et quand nous sommes là, elle n'y est pas ; C) Il existe trois sortes de désirs : les désirs naturels et nécessaires, la faim et la soif par exemple ; les désirs naturels, mais non nécessaires, par exemple le sexe ; les désirs non naturels et non nécessaires, les honneurs, les vanités, bref, tout ce qui relève de l'avoir plus que de l'être, du consumérisme plus que de la sagesse ; D) Les souffrances sont en général brèves, le plus souvent évitables, et tout dépend de la façon dont on les vit : on peut notamment les amoindrir par le souvenir des temps heureux !

Si l'on admet dans cet esprit épicurien qu'il y a une nature humaine stable, des désirs naturels bien identifiables, alors on pourra définir aisément le bonheur comme l'ensemble des réponses apportées à cet horizon d'attente, des recettes qui viennent combler ce réceptacle. Seul réquisit : parvenir à bien se connaître et refuser de se lancer dans les artifices, dans la logique vaniteuse de l'avoir, du consumérisme et en rester sagement à notre nature originaire.

À défaut d'Épicure, on pourra encore s'appuyer sur Montaigne, dont la sagesse se trouve définie par Frédéric Lenoir de la façon suivante :

SI L'ON ADMET DANS CET ESPRIT ÉPICURIEN QU'IL Y A UNE NATURE HUMAINE STABLE, DES DÉSIRS NATURELS BIEN IDENTIFIABLES, ALORS ON POURRA DÉFINIR AISÉMENT LE BONHEUR COMME L'ENSEMBLE DES RÉPONSES APPORTÉES À CET HORIZON D'ATTENTE, DES RECETTES QUI VIENNENT COMBLER CE RÉCEPTACLE

**« Toute la sagesse de Montaigne se résume à une sorte de grand “oui” sacré à la vie. Connaître et accepter sa nature propre pour apprendre à jouir au mieux de la vie. Esquiver toute souffrance évitable et supporter avec patience les épreuves inévitables tout en continuant d'essayer de jouir de ce qui nous contente. Compenser la brièveté de l'existence par la qualité et l'intensité des expériences. Il n'y a d'ailleurs qu'ainsi que nous pourrons affronter la mort sans regret. »**

Entendons nous bien : le « grand oui à la vie » s'entend en toutes circonstances, même à Auschwitz comme on l'a vu tout à l'heure et, en ce sens, les sagesses du bonheur rejoignent, au-delà même des références à Épicure, à Montaigne ou à la doctrine des stoïciens, celle de Spinoza, voire de Nietzsche lorsqu'il présente l'*amor fati*, l'amour du destin, de ce qui est là, du réel tout entier, comme le sommet ultime de sa philosophie.

À ces trois arguments principaux viennent en général s'ajouter une pléiade de conseils pratiques empruntés non seulement à ces différentes sagesses plus ou moins anciennes, mais aussi aux sciences sociales contemporaines, notamment la « psychologie positive » ainsi qu'aux théories du « développement personnel ». Ces préceptes de sagesse nous les connaissons bien, nous les avons déjà rencontrés à maintes reprises, mais on les trouve aussi répétés à satiété dans la cohorte quasi infinie des magazines « psy » consacrés au bien-être et au « souci de soi » : ils prônent le non-attachement, la nécessité de parvenir à vivre au présent, loin des mirages de la nostalgie et de l'espérance, les bienfaits d'une vie centrée sur l'Être plutôt que sur l'Avoir, les méfaits de la fuite en avant consumériste, les effets bénéfiques du sourire, de la générosité, des bonnes actions, des images positives au moment de s'endormir, etc.

## II. LES ARGUMENTS DE L'ANTITHÈSE

Ils sont, comme on s'en doute, exactement inverses.

- 1. On fera d'abord remarquer que le bonheur est tout à la fois provisoire et fragile, car loin de ne dépendre que d'un travail sur nous-mêmes, que de notre éventuelle sagesse intérieure, il est au contraire très largement lié à la situation des autres comme à l'état du monde. En outre, pour le non-croyant, il trouve forcément ses limites dans la finitude humaine. Il ne s'agit pas pour autant de nier les éventuelles vertus d'un « travail sur soi », par exemple d'une analyse ou d'exercices de sagesse empruntés aux spiritualités anciennes, voire à la psychologie positive. Il est possible qu'ils puissent nous apporter une certaine sérénité, plus de conscience de soi, reste que pour l'homme de bien, il n'est pas de bonheur possible dans un monde malheureux.

Pour prendre aussitôt un exemple volontairement d'une grande banalité, ce qui ne signifie nullement qu'il soit fallacieux, quiconque a des enfants et les aime sait qu'ils sont une source de joie incomparable mais aussi d'angoisse tout autant incomparable. Il faut ne pas avoir d'enfants pour croire au bonheur. Je veux dire par là qu'il faut ne pas avoir d'attachements pour l'idéaliser au point de tomber dans l'illusion qu'on pourrait être heureux dans un monde

**LE BONHEUR EST TOUT À LA FOIS PROVISOIRE ET FRAGILE, CAR LOIN DE NE DÉPENDRE QUE D'UN TRAVAIL SUR NOUS-MÊMES, QUE DE NOTRE ÉVENTUELLE SAGESSE INTÉRIEURE, IL EST AU CONTRAIRE TRÈS LARGEMENT LIÉ À LA SITUATION DES AUTRES COMME À L'ÉTAT DU MONDE**

Deux ermites dans une caverne, peinture anonyme du XIXe siècle.

malheureux, dans un monde où ceux que nous aimons seraient plongés dans la détresse. Du reste, c'est là exactement ce que concède le Dalaï-Lama quand il explique on ne peut plus clairement que seule la vie des ermites permet de parvenir à la sérénité indispensable au bonheur. De là son éloge constant de la vie monacale qu'on trouve, par exemple, dans cet extrait de son livre intitulé *La Voie de la liberté* :

**« À tant se préoccuper de cette vie, on tend à travailler pour ceux qu'on aime bien, nos proches, nos amis, et on s'efforce à ce qu'ils soient heureux. Si d'autres essaient de leur nuire, on leur colle**

**aussitôt l'étiquette d'ennemi. De la sorte, les illusions telles que le désir et la haine croissent comme une rivière en crue d'été. »**

Et il ajoute ceci : « **Parmi les humains, la vie profane [le contraire de la vie monastique] est bourrée de turbulences et de problèmes. Et les laïcs sont impliqués dans toutes sortes d'activités qui ne favorisent guère l'exercice du dharma [l'enseignement du Bouddha, l'exercice de la sagesse], la vie monastique est beaucoup plus favorable, dit-on, à la pratique en vue d'en finir avec ce cycle [le cycle du samsara et de ses réincarnations perpétuelles qui nous renvoient vers la souffrance]. Selon Tsong-ka-pa, réfléchir aux difficultés et aux désavantages de la vie laïque, ainsi qu'aux avantages de la vie monacale, renforce l'engagement dans celle-ci, si vous en avez pris la vie. Pour quiconque n'a pas encore choisi ce mode de vie, y réfléchir laisse une très forte empreinte karmique sur l'esprit. »**

L'argument est fort et quiconque veut prendre véritablement au sérieux l'idée d'un bonheur par soi devrait y réfléchir. Mais il faut aller plus loin, beaucoup plus loin. Ce n'est pas seulement du bonheur de nos proches que dépend le nôtre, mais bel et bien de l'état du monde. J'ai gardé en mémoire cette photo publiée à la une du *Nouvel Observateur* voici quelques années, d'un jeune homme juif au visage

PEUT-ON VRAIMENT ÊTRE HEUREUX « QUEL QUE SOIT SON ENVIRONNEMENT » POURVU QU'ON AIT TROUVÉ LE BONHEUR EN SOI-MÊME, COMME ÉPICTÈTE QUI GARDE LE SOURIRE SOUS LA TORTURE INFLIGÉE PAR SON MAÎTRE ?

émacié. Il est à genoux, littéralement juché sur un tas de cadavres innombrables jetés dans une fosse. Autour de ce vaste trou creusé à même la terre, des nazis en uniforme ricanent grassement, l'un d'entre eux tient un revolver à la main, le canon à dix centimètres de la tête du jeune homme et l'on sait qu'il va tirer, que ce garçon va mourir dans quelques secondes. Peut-on vraiment être heureux « quel que soit son environnement » pourvu qu'on ait trouvé le bonheur en soi-même, comme Épictète qui garde le sourire sous la torture infligée par son maître ? Pouvons-nous parvenir à un bonheur complet et durable, non seulement dans la situation de cet homme, mais dans la nôtre, dès lors que nous savons que le mal absolu, et avec lui le malheur absolu, sans aucun salut possible, sont là, devant nos yeux, ici et maintenant ? Je vous avoue que même si j'étais, non pas assez sage, mais assez égocentrique ou assez pervers pour parvenir au bonheur dans une situation comparable, il n'est pas sûr que je le souhaiterais, pas sûr que je pourrais encore me regarder dans la glace. Seul un grand pervers, un psychotique profond ou un parfait salaud, le directeur du camp, peut être heureux dans ce monde-là.

- 2. Le deuxième argument est heureusement moins pathétique, plus simplement théorique et cependant imparable à mes yeux : à la différence du malheur, qui est aisément identifiable, le bonheur, lui, est et restera à jamais indéfinissable à priori. En d'autres termes, il faut être aveugle pour ne pas voir qu'il y a clairement une dissymétrie radicale entre le bien et le mal. Je peux sans difficulté identifier ce qui me rendrait malheureux, la perte d'un emploi, le deuil d'un être aimé, une maladie mortelle, une séparation, bref, un accident de la vie. En revanche, je ne puis jamais être absolument certain de ce qui va me rendre heureux : l'amour, la justice, l'argent, la réussite sociale, la notoriété, l'intelligence, l'érudition, les connaissances, des avoirs en tout genre ? Tous peuvent se renverser aisément en calamités. C'est là un argument que Kant, dans les *Fondements de la métaphysique des mœurs*, a étayé d'un raisonnement que personne ne saurait sérieusement réfuter :

**« Le concept de bonheur est un concept si indéterminé que, malgré le désir qu'a tout homme d'arriver à être heureux, personne ne peut jamais dire en termes précis et cohérents ce que véritablement il désire et il veut. La raison en est que tous les éléments qui font partie du concept du bonheur sont forcément empiriques, c'est-à-dire qu'ils doivent être empruntés à l'expérience et que cependant, pour l'idée du bonheur, une totalité absolue, un maximum de bien-être dans mon état présent et dans toute ma condition future est nécessaire. Or il est impossible qu'un être fini, si perspicace et si puissant qu'on le suppose, se fasse un concept déterminé de ce qu'il veut sur ce sujet véritablement. Veut-il la richesse ? Que de soucis, que d'envies, que de pièges ne peut-il pas par là attirer sur sa tête ! Veut-il beaucoup de connaissances et de lumières ? Peut-être cela ne fera-t-il que lui donner un regard plus lucide sur des maux qu'il se représentera désormais de manière plus terrifiante, alors qu'ils se dérobaient avant à sa vue alors qu'ils étaient pourtant inévitables – à moins que cela ne le charge de plus de désirs encore alors qu'il avait déjà bien du mal à satisfaire ceux qu'il avait déjà... Bref, il est incapable de déterminer avec une entière certitude dérivée de quelque principe ce qui le rendrait véritablement heureux, car pour cela, il lui faudrait l'omniscience... Le problème qui consiste à déterminer d'une façon sûre et générale quelle mesure peut favoriser le bonheur d'un être raisonnable est un problème tout à fait**

**insoluble... parce que le bonheur est un idéal, non de la raison, mais de l'imagination, fondé exclusivement sur des principes empiriques dont on attendrait vainement qu'ils puissent déterminer une action par laquelle serait atteinte la totalité d'une série de conséquences en réalité infinie... »**

LE PROBLÈME QUI CONSISTE À DÉTERMINER D'UNE FAÇON SÛRE ET GÉNÉRALE QUELLE MESURE PEUT FAVORISER LE BONHEUR D'UN ÊTRE RAISONNABLE EST UN PROBLÈME TOUT À FAIT INSOLUBLE...

J'y insiste : alors que le malheur est en général assez aisé à identifier, le bonheur est impossible à définir parfaitement et durablement de manière tout à fait certaine. L'argent, la réussite ? Ils n'ont jamais empêché la maladie, la mort, ni garanti une vie affective heureuse. Alors l'amour, l'amitié ? Sans doute, mais pour combien de temps ? Rien ni personne ne peut le dire, ne serait-ce que pour une raison bien simple : dès qu'un être est né, il est assez vieux pour mourir et rien n'est pire que le deuil d'un être aimé. La seule chose absolument certaine, pour le non-croyant du moins, c'est que tout amour finira par se perdre. Soit que la passion s'éteigne, soit que l'un des protagonistes finisse par s'en aller. En quoi il n'y a pas d'amour heureux, à tout le moins pas éternellement. En revanche, le malheur, lui, ne fait guère de doute. Quand le médecin vous annonce la maladie, le gendarme la mort d'un proche, vous y êtes ! On s'en remettra peut-être, peut-être pas, mais je ne connais aucun humain qui se réjouisse face à ce genre de nouvelle.

On me recommande alors de ne pas m'attacher, de pratiquer le « non-attachement », mais on ajoute, comme nous l'avons vu avec le Dalaï-Lama, que le seul moyen d'y parvenir, c'est la vie monastique. Fort bien, mais je n'en veux à aucun prix – la vie des ermites me faisant penser à Gribouille qui se jette à l'eau pour se protéger de la pluie. On m'invite encore à vivre « en accord avec ma nature », mais je n'ai pas de nature, et c'est là le troisième argument, sans doute le plus fort philosophiquement, de l'antithèse.

- 3. Si le bonheur n'est pas définissable, c'est que, à l'encontre de ce que prétendent Épicure ou Montaigne, il n'y a pas de nature humaine, l'idée de nature humaine étant intenable... et inhumaine. C'est là du moins la thèse qui apparaît déjà, vous vous en souvenez, dans le fameux mythe de Prométhée, thèse qui fonde l'idée de liberté humaine que Pic de La Mirandole, Rousseau, Kant, Husserl ou Sartre, par exemple, reprendront à leur compte.
Souvenez-vous. Zeus demande aux deux frères, Épiméthée et Prométhée, de fabriquer les mortels pour désennuyer les dieux qui se morfondent depuis que la guerre contre les Titans a pris fin. Épiméthée demande à son frère la permission de s'exercer sur les animaux. Il leur attribue alors trois qualités : un archétype propre à l'espèce, une place particulière dans le monde (sur l'eau, dans le ciel, sur la terre), et des

ZEUS DEMANDE AUX DEUX FRÈRES, ÉPIMÉTHÉE ET PROMÉTHÉE, DE FABRIQUER LES MORTELS POUR DÉSENNUYER LES DIEUX QUI SE MORFONDENT DEPUIS QUE LA GUERRE CONTRE LES TITANS A PRIS FIN dons spécifiques (des ailes, des nageoires, des griffes, de la fourrure, des carapaces, la vitesse à la course, etc.) et quand il a tout distribué, il ne reste rien pour les humains. Mais c'est justement parce qu'ils ne sont rien qu'ils sont libres, qu'ils ne sont pas programmés comme les abeilles à faire du miel ou les chats à courir après les souris. Ils vont devoir et pouvoir inventer leurs vies, façonner librement leur destin – comme le dit Pic dans sa reprise du fameux mythe grec où c'est dé-sormais Dieu lui-même qui joue le rôle des deux frères à la fois :

**« Quand tout fut terminé [...], Dieu pensa en dernier à créer l'homme. Or il n'y avait pas dans les archétypes de quoi façonner une nouvelle lignée, ni dans les trésors de quoi offrir au nouveau fils un héritage, ni sur les bancs du monde entier la moindre place où le contemplateur de l'univers pût s'asseoir. Tout était déjà rempli, tout avait été distribué aux ordres supérieurs, intermédiaires et inférieurs... Si nous ne t'avons donné, Adam, ni une place déterminée, ni un aspect qui te soit propre, ni aucun don particulier, c'est afin que la place, l'aspect, les dons que toi-même aurais souhaités, tu les aies et les possèdes selon ton vœu, à ton idée. Pour les autres, leur nature définie est tenue en bride par des lois que nous avons prescrites : toi, aucune restriction ne te bride, c'est ton propre jugement auquel je t'ai confié qui te permettra de définir ta nature... Si nous ne t'avons fait ni céleste ni terrestre, ni mortel ni immortel, c'est afin que, doté pour ainsi dire du pouvoir arbitral et honorifique de te modeler et de te façonner toi-même, tu te donnes la forme qui aurait ta préférence[3]... »**

3. Ibidem, p. 9.

**C'EST JUSTEMENT PARCE QU'IL N'EST RIEN DE DÉTERMINÉ À PRIORI, PARCE QU'IL N'EST PRÉFORMÉ PAR AUCUN MODÈLE PARTICULIER, QUE L'HOMME VA POUVOIR, UNIQUE EN CELA PARMI TOUS LES AUTRES VIVANTS, DEVENIR LIBREMENT TOUT CE QU'IL VOUDRA**

C'est justement parce qu'il n'est rien de déterminé à priori, parce qu'il n'est préformé par aucun modèle particulier, que l'Homme va pouvoir, unique en cela parmi tous les autres vivants, devenir librement tout ce qu'il voudra, adopter toutes les destinées, remplir toutes les fonctions et toutes les missions. Passage sidérant de modernité, qui contient déjà en germe, non seulement la pensée de Rousseau, la philosophie critique de Kant, mais ce que l'existentialisme de Sartre et la phénoménologie de Husserl et Heidegger auront peut-être bien de plus profond. Pour formuler le message de Pic dans le langage de la philosophie contemporaine, on pourrait dire que c'est parce que l'homme n'est rien qu'il peut devenir tout, parce qu'il n'est déterminé par aucune « nature humaine », parce qu'il n'a ni définition préalable ni « identité naturelle » qu'il peut choisir toutes les identités et toutes les destinées. Alors que les êtres inférieurs, plantes et animaux, sont d'emblée tout ce qu'ils sont appelés à être de sorte qu'ils n'ont pas d'histoire, pas de culture ni de politique, seul l'homme, parce qu'il est néant, accède à la sphère de l'historicité. Seul il possèdera une histoire véritable, c'est-à-dire un itinéraire libre, non préformé par une nature, au sein de l'existence.

Voici comment Sartre présente lui-même son argumentation, présentation dans laquelle nous allons reconnaître sans difficulté les éléments les plus fondamentaux des mythes de Prométhée et de Pic :

*La Création d'Adam*, fresque de Michelangelo Buonarroti (1475-1564), chapelle Sixtine.

« Lorsqu'on considère un objet fabriqué, comme par exemple un livre ou un coupe-papier, cet objet a été fabriqué par un artisan qui s'est inspiré d'un concept ; il s'est référé au concept de coupe-papier et, également, à une technique de production préalable qui fait partie du concept, et qui est au fond une recette. Ainsi, le coupe-papier est à la fois un objet qui se produit d'une certaine manière et qui, d'autre part, a une utilité définie, et on ne peut pas supposer un homme qui produirait un coupe-papier sans savoir à quoi l'objet va servir. Nous dirons donc que pour le coupe-papier, l'essence, c'est-à-dire

l'ensemble des recettes et des qualités qui permettent de le produire et de le définir – précède l'existence… Lorsque nous concevons un Dieu créateur, ce Dieu est assimilé la plupart du temps à un artisan supérieur ; et quelle que soit la doctrine que nous considérions, qu'il s'agisse d'une doctrine comme celle de Descartes ou de la doctrine de Leibniz, nous admettons toujours que la volonté suit plus ou moins l'entendement ou tout au moins l'accompagne, et que Dieu, lorsqu'il crée, sait précisément ce qu'il crée. Ainsi le concept d'homme, dans l'esprit de Dieu, est assimilable au concept de coupe-

**papier dans l'esprit de l'industriel... L'existentialisme athée que je représente [...] déclare que si Dieu n'existe pas, il y a au moins un être chez qui l'existence précède l'essence, un être qui existe avant de pouvoir être défini par aucun concept et que cet être c'est l'homme... »**

Tirons les conséquences de cette conception de la liberté sur l'idée de bonheur qui repose sur la notion fallacieuse de nature humaine bien identifiée et identifiable et parlons simplement : je crois savoir sans trop me tromper comment rendre mes chats heureux ; je sais ce qui convient à leur nature : du lait, de la bonne viande, un peu d'exercice, des caresses affectueuses, quelques promenades et une bonne vingtaine d'heures de sommeil paresseux chaque jour. Pour mes filles, c'est une tout autre affaire et je ne suis jamais absolument certain de ce qui leur convient à chaque instant de leur vie. Je fais de mon mieux, mais à la différence de mes chats, rien n'est stable, tout est mouvant, changeant, problématique, car historique et culturel plus que stable et naturel.

## DE LA VICTOIRE DU CHRISTIANISME SUR LES SAGESSES LAÏQUES

Du coup, il faut l'avouer avec honnêteté, seule la perspective religieuse, et singulièrement chrétienne, est au niveau de la question posée par l'idéalisation du bonheur. Car pour surmonter les épreuves de la vie, pour sortir durablement de la peur et des maux qui nous frappent sans cesse au hasard, il faut espérer en une autre vie et, selon le fameux thème chrétien, faire « mourir la mort ». Il faut permettre ainsi aux humains d'aimer sans crainte et sans retenue et, pour cela, il faut, comme Denis Moreau, un philosophe chrétien, l'a parfaitement compris, que quatre conditions soient réunies :

**« Que la mort ne soit pas le terme ; qu'il y ait une persistance de**

**l'identité personnelle après la mort ; qu'il y ait une relative hétérogénéité entre la forme d'être que nous connaissons actuellement et celle placée après la mort ; qu'il soit permis d'espérer que cette continuation *post mortem* s'opère dans des conditions relativement heureuses, voire très heureuses[4]. »**

En d'autres termes, nous ne serons pleinement sereins et rassurés que si nous avons la certitude qu'une autre vie reprendra après notre disparition, une vie dans laquelle nous retrouverons ceux que nous avons aimés tout en restant bien nous-mêmes, de vraies personnes, avec leur âme et leur corps. Bien entendu, il faut que cette nouvelle vie soit un peu différente de l'ancienne mais, surtout, il faut qu'elle soit plus heureuse, beaucoup plus heureuse, puisque la mort n'y aura plus sa place et que l'amour y règnera en maître. Stupéfiante coïncidence : c'est là, justement, ce que promet le Christ à ceux qui acceptent de le suivre. Et bien évidemment, cela se conçoit aisément, cette promesse de résurrection personnelle bouleverse très concrètement l'attitude existentielle du chrétien :

**« L'existence du croyant est une existence caractérisée par la foi en la résurrection du Christ et par l'espérance en sa propre résurrection. Si l'on prend au sérieux cette foi et cette espérance, elles ne sont pas quelque chose que l'on pourrait avoir parallèlement à d'autres idées, à titre d'ornement ou de consolation de la vie, mais elles déterminent l'être entier du chrétien et le place dans un rapport spécifique avec le monde qui modifie son être au monde. »**

4. Voir l'excellent livre de Denis Moreau, *Les Voies du salut,* Bayard, 2010, p. 181. Je suis ici son argumentation. Dans son genre, qui est celui de la religion, elle me semble parfaite.

À l'appui de son argumentation, le penseur chrétien peut citer des philosophes, de toutes époques et de tous horizons, qui confessent l'impuissance des philosophies laïques à nous convaincre que la mort n'est pas à craindre, renforçant par contrecoup ses convictions les plus intimes. Écoutons, par exemple, l'excellent La Rochefoucauld :

**« Rien ne prouve davantage combien la mort est redoutable que la peine que les philosophes se donnent pour persuader qu'on la doit mépriser... Il est raisonnable de dire quelque chose de la fausseté du mépris de la mort. J'entends parler de ce mépris de la mort que les païens se vantent de tirer de leurs propres forces... On a écrit... tout ce qui peut le plus persuader que la mort n'est point un mal. Et les hommes les plus faibles aussi bien que les héros ont donné mille exemples célèbres pour établir cette opinion. Cependant, je doute que personne de bon sens l'ait jamais cru. Et la peine que l'on prend pour le persuader aux autres et à soi-même fait assez voir que cette entreprise n'est pas aisée. »**

Écoutons encore Marcel Conche, l'auteur, pourtant, d'un essai sur *La Mort et la Pensée*, dans lequel il reprenait volontiers certains thèmes épicuriens qui lui paraissaient alors convaincants, mais qui lui semblent désormais presque dérisoires :

**« *La Mort et la Pensée* fut publié en 1973, il y a trente-trois ans. Je parlais alors de "la" mort qui n'était pas encore "ma" mort. Les choses changèrent l'année suivante. J'eus un cancer. Dès lors, je fus hanté par la mort... Épicure ne m'aide pas... La mort est aussi obscène qu'inéluctable... J'admets avec Épicure, non comme lui par démonstration, mais simplement par conviction, qu'il n'y a donc**

**rien à craindre dans la mort – dans le fait d'être mort. Mais pour être mort, il faut mourir. Je crains le passage qui, même s'il est passage de quelque chose à rien, en lui-même n'est pas rien. »**
Écoutons enfin Jacques Derrida, d'autant plus émouvant qu'à l'époque où il tient ces propos il lutte contre le cancer qui allait l'emporter quelques mois plus tard :

**« Apprendre à vivre, cela devrait signifier apprendre à mourir, à prendre en compte, pour l'accepter, la mortalité absolue (sans salut ni résurrection, ni rédemption, ni pour soi ni pour les autres). Depuis Platon, c'est la vieille injonction philosophique : philosopher, c'est apprendre à mourir. Je crois à cette vérité sans m'y rendre, de moins en moins. Je n'ai pas appris à accepter la mort… Je reste inéducable quant à la sagesse du savoir mourir. Je n'ai encore rien appris ou acquis à ce sujet. »**

Il me semble que cet aveu est juste, empreint d'une réelle honnêteté intellectuelle en même temps qu'il m'apparaît aussi que le message chrétien, quelle que soit sa force, suppose malgré tout un réquisit qui le rend faible à mes yeux : pour qu'il rassure, pour qu'il permette d'accéder à la sérénité, voire au bonheur ici et maintenant, il faut avoir la foi…, faute de quoi les idéologies du bonheur par soi me semblent tourner à la tyrannie de ce que Pascal Bruckner appelait joliment « l'euphorie perpétuelle ».

## LA TYRANNIE DE L'EUPHORIE PERPÉTUELLE

En un sens, c'est le comble du nihilisme, au sens que Nietzsche donnait à ce terme, une tyrannie de l'idéal qui s'acharne à nier le réel. Présentée sous forme de promesse à portée de main, la sagesse du

Thésée est honoré par les Athéniens, après avoir tué le Minotaure, fresque de la maison de Gavius Rufus, Pompéi, Ier siècle après J.-C.

bonheur peut rendre les gens durablement malades, car la lucidité est toujours préférable à l'illusion. De ce point de vue, la thèse eudémoniste n'a qu'un effet, sinon qu'une finalité : faire croire aux autres qu'on est sage et heureux, et les culpabiliser pour qu'ils tentent de devenir comme le gourou qui leur fait miroiter un idéal en réalité inaccessible. Ça marche merveilleusement dans notre monde individualiste et ce pour deux raisons évidentes : d'abord parce qu'on fait croire aux gens qu'ils peuvent s'en tirer, améliorer leur vie en travaillant sur eux-mêmes plus que sur le monde, ce qui leur semble davantage à leur portée ; ensuite parce que la culpabilité est aujourd'hui devenue une motivation majeure pour l'action : c'est quand on se sent coupable qu'on se dit qu'il faut arrêter de grossir, de fumer, faire un peu de sport, manger équilibré et, dans la foulée, suivre les conseils de la psychologie positive qui surfe à merveille sur ce que j'ai appelé dans d'autres livres l'« éthique de l'authenticité ». On joue alors sur le registre narcissique d'une société où le souci de soi s'exprime non seulement dans la quête frénétique du bien-être, par la diététique, l'écologie, les centres de fitness, le boom des psychothérapies en tout genre et du jogging généralisé. Mais cet effort permanent pour se rendre heureux, en pleine forme, bien dans sa tête et dans sa peau, devient finalement épuisant comme les enquêtes empiriques le démontrent. Voyez sur ce point le livre de Mickaël Mangot, *Heureux comme Crésus* ? (chez Eyrolles, 2014), qui donne à l'appui de ce constat de nombreuses références :

**« La quête du bonheur ne saurait néanmoins devenir une obsession. Paradoxalement, les personnes les plus engagées dans une quête active d'amélioration de leur bonheur ont tendance à subir l'effet boomerang et voir leur bonheur finalement refluer. De même, les personnes qui valorisent le plus le bonheur sont en moyenne moins heureuses que les autres et plus enclines à connaître des dépressions. Les mécanismes qui vouent à l'échec la quête active du bonheur sont de mieux en mieux connus. Premièrement, en s'évaluant constamment, les personnes en quête de bonheur s'empêchent d'être présentes dans l'instant et de savourer les plaisirs de la vie. Deuxièmement, à viser un bonheur trop élevé, ces personnes se destinent à être finalement déçues. Enfin, en s'engageant dans une recherche individuelle, elles tendent à se déconnecter des autres et à s'aliéner ainsi une composante essentielle du bonheur. »**

Et les titres des enquêtes auxquelles renvoie l'auteur sont édifiants :
– « ***Can seeking happiness make people unhappy ? Paradoxical effects of valuing happiness*** »
– « ***The pursuit and assessment of happiness can be self-defeating*** »

Mais il y a plus, les enquêtes des chercheurs américains montrent aussi que ceux qui assurent être « pleinement heureux » sont souvent atteints de pathologies mentales sévères qui les conduisent à des échecs désastreux :

**« Les chercheurs ont pu observer que, dans certaines situations, les gens affichant le niveau maximal déclaré (10/10) semblent en subir les conséquences négatives. Ils font par exemple des études moins brillantes que les gens modérément heureux, gagnent moins, peinent davantage à trouver un emploi et affichent une mortalité supérieure. Un explication est qu'un niveau chronique de bonheur extrême, souvent signe d'une pathologie mentale, entraîne une surestimation de ses compétences, une sous-estimation des dangers et une moindre inhibition face à la prise de risque, lesquelles peuvent empêcher de bien adapter son comportement aux caractéristiques de son environnement. »**

PARADOXALEMENT, LES PERSONNES LES PLUS ENGAGÉES DANS UNE QUÊTE ACTIVE D'AMÉLIORATION DE LEUR BONHEUR ONT TENDANCE À SUBIR L'EFFET BOOMERANG ET VOIR LEUR BONHEUR FINALEMENT REFLUER

Thésée abandonne Ariane sur l'île de Naxos, fresque du Ier siècle, provenant de Pompéi.

## EN GUISE DE CONCLUSION

J'aurais envie de dire très simplement : le plaisir, la joie, peut-être même une certaine sérénité, oui, mais le bonheur comme un état stable et durable qu'on gagnerait par soi seul, y compris dans un monde malheureux, non, trois fois non. Cette illusion funeste, tyrannique, doit être pourchassée au nom de la lucidité. J'ajouterais que les philosophies du bonheur pèchent par le côté essentiellement anti-tragique, par le refus obstiné de comprendre ce qu'avaient compris les Grecs et qui venait en contrepoint de leur eudémonisme, à savoir que le réel, lui, est tragique. En quoi la notion de vie bonne n'est nullement identique à mes yeux à celle de bonheur. Pour dire les choses là aussi très simplement, ce qui me désangoisse dans l'existence, c'est la lucidité, pas les illusions. Donc, plutôt l'amour, la liberté, la connaissance qu'un pseudo-bonheur par soi seul, sachant que ces trois entités ne rendent ni nécessairement ni toujours heureux, loin de là, les moments de bonheur étant par essence chez nous, les mortels, fragiles et provisoires – ce qui n'est du reste qu'une raison de plus de les rechercher, de les savourer et de les préserver autant qu'il est possible. Mais comme le disait Kant de manière géniale, « *si la providence avait voulu que nous fussions heureux, elle ne nous aurait pas donné l'intelligence* », à quoi Flaubert, plus radical encore, ajoutait non sans humour dans une lettre à Louise Colet d'août 1846 : « *Être bête, égoïste et avoir une bonne santé : voilà les trois conditions voulues pour être heureux. Mais si la première vous manque, tout est perdu.* »

**Luc Ferry**

# POUR ALLER PLUS LOIN

# GLOSSAIRE

## ARIANE

● Ariane, la fille de Minos et de Pasiphaé, tombe amoureuse de Thésée au premier regard, alors qu'il débarque en Crète, dans le groupe des jeunes gens que l'on emmène en pâture à l'affreux Minotaure caché dans le labyrinthe construit par Dédale. Ne supportant pas l'idée de voir mourir le jeune garçon, Ariane, qui connaît par ailleurs les exploits accomplis par Thésée, lui donne le moyen de ne pas se perdre dans le labyrinthe grâce à un fil qu'il attachera à l'entrée, qu'il déroulera au fur et à mesure de sa progression et qu'il pourra suivre sur le chemin du retour, quand il aura tué le Minotaure. Stratagème qui permet effectivement à Thésée de se débarrasser du monstre puis de se sauver à bord d'un bateau avec quelques rescapés ainsi qu'avec la belle Ariane. Mais il n'est pas dit que les dieux laisseront les amoureux s'aimer paisiblement… Sur le chemin du retour, Athéna apparaît à Thésée et lui demande d'abandonner Ariane sur une île, car Dionysos est lui aussi tombé amoureux de la jeune fille et il la veut pour femme ! À tout seigneur…

## ATHÉNA

● Zeus a avalé Métis, sa première femme alors enceinte, de peur que son enfant, si c'était un fils, ne lui prenne sa place. Et c'est ainsi qu'Athéna serait née directement de la tête de Zeus, dont elle est la fille préférée, celle qui, de tous ses enfants, lui ressemble le plus. Divinité de la guerre, mais plus intelligente, plus forte et plus rusée que ne l'est Arès, son frère, Athéna est également la déesse des arts, des techniques et de l'intelligence que symbolise son oiseau fétiche, la chouette, qui voit dans l'obscurité. Dans le récit de Platon, Prométhée dérobe ces arts, ces techniques, pour les donner aux hommes, provoquant ainsi le courroux de Zeus et son châtiment terrible.

## DÉDALE

● Tour à tour architecte, sculpteur, inventeur…, cet Athénien, membre de la famille royale, pourrait aujourd'hui passer pour une sorte de « savant fou ». N'ayant pas hésité à tuer son neveu qui travaillait avec lui, mais dont l'inventivité menaçait de lui faire de l'ombre et provoqua en tout cas sa jalousie, Dédale est obligé de fuir et se met au service du roi Minos pour lequel il construit, entre autres, le fameux labyrinthe destiné à enfermer le Minotaure. Mais Thésée ayant réussi à se jouer du piège, Minos décide, pour punir l'inventeur, de l'enfermer dans le labyrinthe avec son fils Icare. Dédale s'en échappe en se confectionnant des ailes collées grâce à de la cire. Mais Icare ayant voulu s'approcher trop près du soleil, malgré les avertissements de son père, tombe dans la mer et s'y noie.

## DIONYSOS

● Voici là le plus singulier de tous les dieux ! Fils de Zeus et de la princesse thébaine Sémélé, Dionysos est arraché des entrailles de sa mère alors que cette dernière achève de se consumer pour avoir voulu regarder Zeus, follement lumineux, dans toute sa réalité. Ce dernier coud alors le fœtus dans sa cuisse pour mener la gestation à terme, d'où l'origine de l'expression : « Être né de la cuisse de Jupiter. » Dionysos est le dieu de la fête, du vin, de la folie. Avec ses yeux en amande, son teint de métèque, il est avant tout un être de dissonance, de dysharmonie, suivi en permanence par un cortège composé de Ménades et de Satyres.

## ÉCHIDNA

● Monstre au corps de femme se terminant par une queue de serpent, Échidna, au même titre que Typhon, fait partie de ces êtres chaotiques qui menacent l'harmonie du cosmos. Selon les textes, elle serait la fille d'enfants de Pontos et de Gaïa, ou encore descendrait de Gaïa et de Tartare. Il n'en reste pas moins que cette femme-vipère engendre avec Typhon un certain nombre d'enfants non moins monstrueux que leurs parents : citons entre autres Cerbère, le chien des enfers, l'Hydre de Lerne – monstres auxquels Héraclès devra faire face au cours de ces douze travaux – ou encore Chimère...

## ÉPIMÉTHÉE

● Fils du Titan Japet, Épiméthée est le frère de Prométhée. Bien moins intelligent que son frère et malgré les mises en garde de ce dernier, Épiméthée ne peut s'empêcher d'accepter le cadeau offert par les dieux de l'Olympe, à savoir Pandore, l'éblouissante jeune femme qu'Hermès conduit auprès de lui, mais par laquelle vont arriver les nombreux maux qui se sont abattus sur l'humanité. En quoi Épiméthée peut lui aussi être en partie tenu pour responsable de ces malheurs !

## HÉPHAÏSTOS

● Jeté du haut de l'Olympe par Zeus à la suite d'une altercation entre ce dernier et Héra, Héphaïstos, le « dieu boiteux », est le maître du feu, le dieu des forgerons, des métaux et de la métallurgie. Il est unanimement loué pour l'habileté diabolique dont il fait preuve dans son art qu'il exerce, aidé par les Cyclopes, dans les volcans. Athéna a notamment recours à lui pour confectionner les armes d'Achille lors des derniers combats de la guerre de Troie. Malgré son imperfection physique, il n'en a pas moins épousé Aphrodite, la plus belle des déesses. Durant la Gigantomachie, il vient à bout du Géant Clytios en lui assénant un coup de masse de fer rouge. Il est également connu pour avoir participé à la création de Pandore ou pour avoir contribué au châtiment de Prométhée : c'est en effet ses services qui sont requis pour enchaîner le fils du Titan Japet sur le Caucase.

## HÉRACLÈS

● Héraclès est le fruit des amours de Zeus et d'une mortelle, Alcmène. Il est sans doute le héros grec le plus célèbre, connu pour sa bravoure, ses exploits fabuleux et son sens de la justice. Il existe de multiples variantes contant l'histoire de sa vie, mais il n'y a guère que sur quelques points, et en l'occurrence trois, que ces différents textes convergent et encore n'est-ce que de manière très approximative : sa naissance, ses fameux « douze travaux » et enfin sa mort précédant son « apothéose », c'est-à-dire son passage du statut d'être humain à celui d'immortel. Le nom « Héraclès » signifie « la gloire d'Héra » : c'est elle, en effet, qui lui impose d'accomplir pour sa gloire les fameux « douze travaux », ayant le secret espoir que cet enfant né des amours illicites de Zeus sera tué au cours de l'une ou l'autre de ces épreuves...

## MÉDÉE

● Petite-fille d'Hélios, le dieu du soleil, la magicienne Médée est également la nièce de Circé, cette autre magicienne qui, grâce à ses pouvoirs maléfiques, avait transformé les compagnons d'Ulysse en pourceaux et retenu le héros pendant plus d'une année sur son île. Médée a autrement dit de qui tenir : elle n'est ni plus ni moins qu'un être redoutable et dangereux, comme le prouveront les différents événements qui marqueront son union avec Jason, le chef des Argonautes. Après avoir été abandonnée et avoir tué ses propres enfants, Médée s'enfuit à Athènes où elle épouse Égée. Elle tente tout ce qui est en son pouvoir pour faire disparaître Thésée, le jeune héros qui vient d'arriver à Athènes, tout auréolé de ses nombreux exploits, le considérant comme un concurrent potentiel. Mais le roi Égée finit par comprendre que le jeune homme n'est autre que son fils et ne tarde pas à chasser Médée de son palais, la condamnant au bannissement.

## MINOTAURE

● Le Minotaure est un monstre au corps d'homme et à la tête de taureau, né des suites d'amours contre nature entre Pasiphaé, la femme de Minos, le roi de Crète, et un taureau que Poséidon a fait surgir des flots pour aider Minos à devenir roi. Ce dernier n'ayant pas jugé bon de tenir la promesse qu'il avait faite au dieu de sacrifier par la suite l'animal, Poséidon se vengea en juste proportion du crime... Le Minotaure fut enfermé dans un labyrinthe construit à la demande de Minos par Dédale, et c'est là qu'on lui offrait en pâture tous les neuf ans sept jeunes filles et sept jeunes garçons, du moins jusqu'à l'intervention de Thésée...

## PROCUSTE

● Certains textes font de Procuste un fils de Poséidon. Toujours est-il que ce personnage fort peu sympathique, brigand de son état, s'est fait une spécialité de mettre les personnes qu'il reçoit chez lui à la bonne dimension... Entendons par là à la bonne dimension des deux lits qu'il propose à ses hôtes et dont l'un est petit tandis que l'autre est plus grand. Et Procuste, donc, de s'adonner à cette fâcheuse tendance qui consiste pour lui à vouloir raccourcir les membres de ses hôtes, quand ils dépassent du petit lit, tandis qu'il n'hésite pas à étirer d'autres membres qui ne seraient pas assez longs pour remplir le grand lit... Une pratique pour le moins dommageable... et à laquelle Thésée mettra fin en appliquant ce même supplice à son propre inventeur.

## PROMÉTHÉE

● Fils du Titan Japet, Prométhée, dont Zeus loue l'intelligence, est celui qui « comprend avant », contrairement à son frère Épiméthée, qui « comprend après coup ». Dans la *Théogonie* d'Hésiode, il ose braver Zeus par deux fois en essayant de le tromper lors d'un sacrifice solennel et en dérobant par la suite le feu que Zeus, pour se venger de la ruse employée, avait alors décidé de refuser aux hommes. Fou furieux, Zeus fit alors enchaîner Prométhée sur le Caucase et envoya un aigle qui, tous les jours venait dévorer son foie, qui n'en finissait pas de se reconstituer.

## PYTHIE

● Après sa victoire sur Python, monstre qui terrorisait les habitants de Delphes, Apollon établit son sanctuaire dans cette cité et se charge dès lors de prédire l'avenir aux dieux et aux hommes. Il le fait par l'intermédiaire d'une prêtresse, la Pythie, dont le nom rappelle celui du monstre vaincu. Assise sur un trépied consacré, la Pythie parle au nom du dieu et rend ses oracles. Les paroles qu'elle prononce sont généralement difficiles à interpréter car la Pythie ne dévoile son destin, à celui qui vient la consulter, que de manière énigmatique et détournée, sous forme de propos sibyllins (Sibylle ayant été une Pythie très renommée, dont le nom est devenu nom commun).

## THÉSÉE

● À l'image de son cousin Héraclès, Thésée – qui a à la fois un père humain, Égée, et selon certaines traditions un père divin, Poséidon – est une sorte de lieutenant de Zeus sur terre : comme tel, il sera amené à combattre les forces du chaos, toujours sur le point de venir troubler l'ordre du cosmos. Les mythographes présentent d'ailleurs ses aventures comme la continuation directe des travaux d'Héraclès. Mais à la différence de son cousin, et bien que ses exploits soient tout à fait comparables à ceux d'Héraclès, Thésée n'est pas un être déchiré, la violence n'est pas en lui, ce qui lui permettra même de parvenir à une sorte de sérénité, voire de bonheur. Considéré comme le père de la démocratie athénienne, il œuvrera durant tout son règne à l'instauration de la justice dans la cité, mais il connaîtra une fin néanmoins tragique.

**Brigitte de Zélicourt**

# EXPRESSIONS MYTHOLOGIQUES

## LE FIL D'ARIANE

● C'est celui que Thésée déroula en allant, dans le labyrinthe, tuer le Minotaure : il fut ainsi le seul apte à s'extraire de ce réseau de galeries et de couloirs, réputé inextricable. Grâce à cette légende en cinq actes, notre langue s'est enrichie de plusieurs mots et expressions.

Premier acte. Minos et son frère Sarpédon se disputent la royauté de Crète. Pour prouver que les dieux l'ont élu, Minos demande à Poséidon de faire surgir de la mer un puissant taureau. Son souhait est accompli et Minos devient roi de Cnossos, civilisateur des Crétois.

Deuxième acte. Poséidon, vexé que Minos ne lui ait pas sacrifié le taureau, use de son divin pouvoir pour que Pasiphaé, l'épouse de Minos, tombe amoureuse dudit animal. Grâce au subterfuge d'une vache de bois creuse où elle a pris place, Pasiphaé attire le taureau qui s'accouple avec elle. De cette union contre nature naît le Minotaure, monstre à corps d'homme et à tête de taureau.

Troisième acte : Le taureau, père naturel du Minotaure, devenu furieux, dévaste le pays et y sème la terreur. Héraclès le capture, accomplissant ainsi le septième de ses douze travaux.

Quatrième acte : Pour enfermer le Minotaure, Minos ordonne à son architecte *Daedalus* (Dédale) de construire le fameux labyrinthe. Dédale s'exécute, aidé de son fils, *Ikaros* (Icare).

Cinquième acte. Tous les neuf ans, selon le tribut que Minos, vainqueur d'Athènes, a imposé, les Athéniens doivent envoyer en Crète sept jeunes gens et sept jeunes filles que Minos livre en pâture au Minotaure. Pour en finir avec cette cruelle contribution, Thésée propose d'être du nombre des sacrifiés. Il se rend à Cnossos où Ariane, fille de Minos, tombe amoureuse de lui. Avant que Thésée ne pénètre dans le fatal labyrinthe, Ariane lui donne une pelote de fil. Le héros athénien tue le Minotaure et, grâce au *fil d'Ariane*, ressort du labyrinthe en compagnie des jeunes gens qu'il a sauvés. Pendant son voyage de retour, Thésée fait escale à Naxos où il doit abandonner Ariane.

Le mythe a donné naissance à l'expression *fil d'Ariane* qui désigne la ligne que l'on doit tenir pour parvenir à un résultat où le fil conducteur d'une enquête, d'une opération, d'un projet, d'une intrigue, etc. Pour le philosophe Gaston Bachelard, le fil d'Ariane symbolise la confiance : « Grâce au simple repère du fil déroulé, le voyageur a confiance, il est sûr de revenir. Avoir confiance, c'est la moitié de la découverte. C'est cette confiance que symbolise le fil d'Ariane. » (*La Terre et les rêveries du repos : essai sur les images de l'intimité*. J. Corti, 1948, réédition, 1992.)

## UN LIT DE PROCUSTE

● Procuste (ou Procruste, issu du grec *Prokroustês*, « celui qui allonge ») était fils de Poséidon mais aussi, selon les uns, aubergiste, selon les autres, bandit de grand chemin, parfois surnommé Damastès ou Polypémon. Ses méfaits nous sont rapportés dans la trente-huitième *fabula* « (« récit ») de Hygin (*Caius Julius Hyginus*), écrivain latin du règne d'Auguste. Cette histoire intitulée *Les Travaux de Thésée* nous conte les exploits du héros de l'Attique, comment il tua quelques fabuleux monstres (dont le Minotaure) et tous les malfaisants qui sévissaient sur la route menant à Athènes par l'isthme de Corinthe. Parmi ces brigands d'essence divine figurent Pityocamptês, Sciron et notre Procuste, le plus abominable de tous : « Quand un ami venait lui rendre visite, s'il était plutôt grand, il apportait un lit plus petit et coupait le reste de son corps ; s'il était plutôt petit, il lui donnait un lit plus grand et, lui ayant attaché des enclumes, l'allongeait jusqu'à ce qu'il fasse la taille du lit. »

Plutarque ne parle que d'un seul lit : « Passant de là à Érinéos, qui en est peu éloignée, il [Thésée] fit mourir Damastès, qu'on appelait aussi Procuste, en l'allongeant à la mesure de son lit, comme il y forçait lui-même ses hôtes. » (*Thésée*, X, in *Vie des hommes* illustres, traduction de l'abbé Dominique Ricard revue par Jacques Doucet.)
Le croiriez-vous ? Le premier sens métaphorique du *lit de Procuste* s'appliqua à une position adoptée dans certains ébats amoureux où les jambes d'un des amants dépassent du lit. Une autre signification, également érotique, figure dans *L'Assemblée des femmes* d'Aristophane quand un jeune homme que l'on menace de « traîner par l'endroit sensible » s'écrie: « O ciel ! On va faire de moi un Procuste » (vers 1021).

Plus tard, le *lit de Procuste* est logiquement devenu la métaphore de la normalisation, de l'uniformisation, du conformisme, si répandus en ces temps où fleurit la « pensée unique », ou tout doit entrer dans un moule. Malheur à ceux qui dérogent à la norme ! Précisons enfin qu'en médecine le *syndrome de Procuste* affecte certains individus psychorigides qui ont tendance à vouloir tout formater.

**Par Jean Maillet, d'après 500 *expressions populaires* (Éditions de l'Opportun)**